역사 앞에 부끄러운

위안부 소녀상

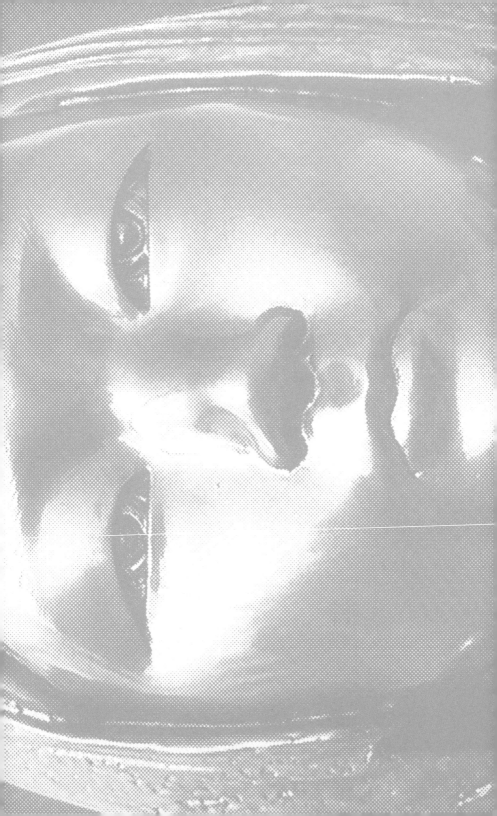

역사 앞에 부끄러운

위안부 소녀상

한국의 희생자 민족주의와
일본의 내셔널 리비도

김영관 지음 · 조영륭 그림

WISE BOOK
와이즈북

원한만 있고
반성이 없다

만해 한용운은 『심우장 만필(尋牛莊 漫筆)-반성』에서 조국의 운명을 이렇게 탄식했다.

"만고를 돌아보건대, 어느 국가가 자멸하지 아니하고 타국의 침략을 받았으며, 어느 개인이 스스로 멸시하지 아니하고 타인의 모멸을 받았는가! 망국의 한이 크지 아니한 것은 아니나 정복국만을 원망하는 자는 언제든지 그 한을 풀기 어려울 것이다."

3·1운동 공판에서도 그는 이렇게 술회했다.

"국가의 흥망이 일조일석(一朝一夕)에 되는 것이 아니라, 어떠한 나라든 스스로 망하는 것이지, 남의 나라가 남의 나라를 망하게 할 수는 없는 것이다."

한·중·일의 관계에 대해 많은 저술을 남긴 사상가 량치차오도 조선의 명운을 지켜보면서 중국인의 각성을 촉구했다. 그는 오랜 세월 중국의 속방이었던 한국의 지배권이 일본으로 넘어간 것에 대해 안타까워했다. 「아! 한국, 아! 한국 황제, 아! 한국 국민」이라는 글에서 그는 이렇게 일갈했다.

"온 세상이 일본이 조선을 망하게 했다고 한다. 그러나 어찌 그것이 가능하겠는가? 한국은 황제가 망하게 한 것이오, 국민이 망하게 한 것이다."

량치차오는 스스로 현실에 대한 자각 없이 남을 탓하는 비겁함을 지적했다. 나라를 빼앗긴 분노와 설움은 가늠하기 어려울 만큼 크지만 그 원인을 따져 반성하고 식민지 현실을 극복해야 하는 사명만이 우리 앞에 있다는 것을 설파한 것이다. '역사를 잊은 민족에게 미래는 없다'가 아니다. '역사를 반성하지 않는 민족에게 미래는 없다.'

인류의 오랜 역사까지 거슬러 올라가지 않아도 된다. 19세기 이후 근세의 역사를 보더라도 전 세계, 특히 유럽은 이웃 국가와의 전쟁과 갈등이 끊이지 않았다. 비극의 시대는 멈춘 적이 없었다. 프랑스와 영국, 독일, 러시아를 중심으로 유럽은 국경을 사이에 두고 얽히고설킨 상잔의 비극사가 계속되었다. 중국을 중심으로 조선과 일본도 침략 전쟁을 되풀이했고, 이로 인한 많은 피해와 갈등이 역사와 함께 우리 정신에 각인되었다.

최근 한일 관계의 모든 문제는 '과거사'에서 출발한다. 한국강제병합이 가져온 식민의 경험은 지금까지도 우리의 정체성을 흔들고 있다. 일본 제국은 유럽 세력의 서세동점(西勢東漸)을 막고 동양 평화를 실현한다는 명목으로 한반도 침략과 식민 지배를 정당화했다. 조선은 스스로 내부 문제를 성찰하기보다 일본이라는 외부 원인에 비극의 화살을 돌렸다. 한국은 일본의 침략과 폭력적 지배, 우리가 입은 피해에 집중했다.

이런 인식 아래 1991년 처음으로 40년 만에 위안부 문제가 불거져 나왔다. 1965년 한일협정 당시 위안부 문제에 대한 논의는 없었다. 1984년 히로히토 천황은 "금세기의 한 시대에 있어서 양국 간에 불행한 역사가 있었던 것은 진심으로 유감이며, 다시 되풀이되어선 안 된다"라고 밝혔다. 이후 일본 역대 총리들은 한국에 준 고통과 피해에 대해 형식적으로나마 지속적으로 사죄하는 발언을 했다. 1995년 무라야마 총리의 사과, 1998년 오부치 총리의 새로운 한일 관계를 위한 선언, 2010년 나오또 총리의 사죄의 담화가 이어졌다. 일본의 사과는 한국의 피해자와 위안부 관련 시민단체의 요구에는 한참 못 미쳤지만 연이은 사과 표명은 유의미했다.

아베 정부 이후 한일 관계는 다시 얼어붙었다. 2015년 한일 정부 간 위안부 합의가 결렬되고, 외교 문제로 확대되면서 과거에 했던 사과는 물거품이 되었다. 강제징용, 강제징병 문제와 독도 영유권 문제까지 거론되며 무역 분쟁으로까지 확대되었다.

제국 일본은 청일전쟁, 러일전쟁, 만주사변, 태평양전쟁을 일으켜 동아시아 국가에 고통을 주었다. 전후 피해 국가들은 진정한 사과와 반성을 요구하고 있으나 일본은 자신들도 막대한 피해를 입었다는 피해자 의식으로 가해자 의식을 덮었다. 그러니 진정한 사과는 요원한 것이다. 아마 영원히 기대할 수 없을지도 모른다. 이런 상황에서 끝없는 요구와 소모적 논쟁은 문제의 해결책을 가져다주지 못한다.

우리가 가져야 할 태도는 과연 무엇일까? 과거를 되짚으며 지난한 싸움을 계속해야 할까? 과거를 따져 묻고 상대의 반성을 끌어내야 할까? 과거를 묻고 새로운 시대를 열어야 할까? 힘든 숙제다. 역사 속에서 성찰과 반성이 필요한 시기이다.

식민지 역사를 청산하려면 먼저 국가가 처한 현실을 인식해야 한다. 과거의 역사가 우리에게 주는 교훈은, 맹약과 약속은 언제든 힘의 논리에 의해 깨진다는 것이다. 국제 질서는 언제 뒤바뀌고, 언제 무너질지 모른다. 그런 질서 속에서 국가가 해야 할 것은 부국강병이다. 그리고 무엇보다 중요한 것은 국민들의 각성이다. 각성은 과거 역사에 대한 반성에서 시작된다.

역사는 되풀이된다. 과거의 비극이 다시 재현되지 않으리라는 보장은 없다. 임진왜란이 일어나고 3백 년 뒤 일본이 조선을 삼켰듯이, 아무리 10만 대군 양성론이나 징비록으로 소리를 높여봐야 소용이 없다. 일본, 중국, 러시아 등 세계열강들과 대등하거나 능가하는 국력과 국격을 갖춰야 한반도 평화는 유지된다. 그러기 위해서는 나라를 빼앗긴 역사의 상처인 일본군 위안부에 대한 기억을 다시 정립해야 한다. 상처를 되새기기보다 역사의 원인을 제대로 알고, 우리가 어떻게 대응해 나가야 할지 반성하고 고민해야 한다.

역사를 반성하지 않는 민족에게 미래는 없다. 반성과 각성은 민족의 고난과 아픔의 역사가 다시는 되풀이 되지 않도록 길을 열어줄 것이다.

차례

2부. 소녀상의 두 얼굴

3부. 잊을 수 없는, 지울 수 없는 역사

4부. 망국의 역사, 100년을 돌아보다

5부. 역사의 기억은 반성에서 시작된다

1부

반성 없는 민족에게
미래는 없다

국치와 전쟁의 비극

8월 29일은 국치일이다. 5백년 역사를 가진 나라가 망한 날이다. 나라를 빼앗겨 부끄러운 날이다. 맹자는 "부끄러움을 아는 것이 옳음의 극치다. 부끄러운 마음이 없으면 사람이 아니다"라고 했다. 따라서 스스로 찾지 못한 8·15광복절보다 경술국치(庚戌國恥), 이날을 기억하고 반성하는 의미가 더욱 중요하다.

러일전쟁에서 승리한 일본은 1905년 조선과 을사조약을 체결하고 일본통감부를 설치하며 사실상 조선 식민지화를 획책했다. 고종을 강제 퇴위시키고, 허수아비 순종을 세웠다. 정미7조약, 기유각서로 주권을 빼앗고, 급기야 1910년 8월 29일 한국강제병합 조약을 조인해 조선총독부에 의한 식민지 지배를 공식화했다. 위안부, 강제징용, 역사 교과서, 야스쿠니 신사 참배 등 한일 갈등과 식민 비극의 출발이자 고통의 시작이었다.

동아시아 지배를 꾀했던 일본은 오키나와, 타이완, 한반도에 이어 만주에 진출하며 야욕을 더욱 드러냈다. 급기야 중국 본토까지 넘보기에 이른다. 발단은 1931년 9월 18일이었다. 일본의 관동군은 류탸오후 남만주 철도를 폭파한 뒤 중국에 뒤집어씌우며 만주사변을 일으킨다. 그리고 1932년에 괴뢰 정부 만주국을 세운다. 중국에서는 당시 항일 운동이 거세게 일어났고 중국 진출에 관심을 가졌던 미국과 서양 열강의 비판이 빗발쳤다. 그러자 일본은 1933년 국제연맹을 탈퇴하고 본격적인 군국주의화의 길로 들어선다. 만주사변을 계기로 일본 군부의 세력은 더욱 강화되었다.

만주사변으로 인한 반일 감정이 불씨가 되어 일어난 1932년 제1차 상하이사변은 중·일 정전협정을 맺으면서 일단락된다. 이때 일본군은 군 위안소를 조직적으로 설치하기 시작한다. 일본군 상해사령부의 간부 오카무라 야스지는 회고록에서 해군이 제일 먼저 군 위안소를 설치했다고 밝혔다

1937년에는 제2차 상하이사변이 발발하게 된다. 북경 부근 루거우차오에서 일어난 중·일 무력 충돌이 3개월간의 대규모 전투로 번지게 된 것이다. 이것이 도화선이 되어 전면전으로 확대된 것이 중일전쟁으로 1937년부터 1945년까지 이어진다. 일본은 중일전쟁을 '지나사변', 중국은 '항일전쟁' 또는 '8년 항전'이라고 부른다.

중일전쟁을 기점으로 일본군은 위안부 제도를 확대 시행한다. 그 배경에는 네 가지 이유가 있다. 첫째, 중국 여성에 대한 강간을 막기

위한 것이었다. 중국 전선에서 일본군이 중국 여성을 강간하는 일이 끊이지 않아 중국인의 민심이 악화되고 있었기 때문이다. 하지만 군 위안소를 설치한 후에도 강간은 멈추지 않았다. 둘째, 군이 관할하는 위안소를 설치하여 위안부를 체계적으로 관리할 필요가 있었다. 성병을 예방해야 했기 때문이다. 성병에 걸린 군인들이 증가하면 군 전력이 약화되고 이는 전력의 손실로 이어진다. 셋째, 군 사기 진작을 위해 위안소가 필요했다. 전쟁이 장기화하면서 군인들의 사기가 떨어져 강간 등 군인의 일탈이 자행되고 있었으므로 이를 방지해야 했다. 넷째, 군의 보안 문제다. 일본군이 중국인 위안 시설에 출입하면서 군사 기밀이 새어나갈 우려가 있었으므로 군이 통제하는 위안소를 만들 필요가 있었다.

중국 전선을 확대하기 위해 일본군은 중국 국민당 정부의 수도인 난징을 공략하고 대학살극을 벌였다. 당시 인구가 20만에서 25만이었던 난징에서 1937년 12월부터 그 이듬해 초까지 약탈, 강간, 방화, 민간인 무차별 살상이 자행되었다. 당시 난징에 머물러 있던 독일인 존 라베 씨는 일기장에 중국 여성이 일본군에게 강간당한 후 처참하게 총검에 찔리는 모습을 생생히 기록했고, 수천 명의 민간인이 무차별 폭행을 당하고 있다는 소문도 기록했다. 난징에 머물고 있던 서양인들의 입을 통해 난징대학살이 외부 세계로 알려지자 일본에 대한 비판이 거세졌다. 그러자 일본군 지휘부는 위안소를 조직적으로 만들기 시작했다. 중국 전선에 일본군 직영 위안소가 설치되고 수많은 일본과 조선 여성들이 위안부로 끌려와 유린당했다.

만주사변 이후 국제적으로 고립된 일본은 제국주의 경쟁에서 패권을 잡기 위해 미·영과 맞서 독일, 이탈리아와 3국 동맹을 맺었다. 주 내용은 일본이 아시아에서 주도권을, 독일과 이탈리아는 유럽에서 주도권을 보장한다는 것과 세 나라가 미국의 공격을 받을 경우 상호 지원한다는 내용이었다. 이러한 항미 조항은 일본의 대미 관계를 악화시켰다. 일본은 중일전쟁이 장기화됨에 따라 막대한 전비를 소진하게 되고, 국민당 정부를 뒤에서 지원하고 있던 미국과는 날로 대립각을 세웠다. 1941년 7월 중국 동북부에 주둔하고 있던 일본 관동군은 소련과의 전쟁에 대비해 소련과 중국 동북부 국경 부근에 80만여 명의 병력을 배치했다. 그리고 이들 병력에 필요한 2만 명의 조선인 위안부를 모집하는 계획을 세우고, 조선총독부로 하여금 1만여 명의 조선 여성을 중국 동북부로 이송하도록 했다.

1941년 12월 8일, 일본 군부가 미국 하와이와 동남아시아의 영국 식민지를 기습하면서 태평양전쟁이 시작되었다. 태평양전쟁의 직접적인 동기 중 하나는 전략 물자였다. 미국이 석유 등의 전략 물자 금수 조치를 단행하자 중국과의 전쟁에서 난항을 겪게 되었다. 하지만 태평양전쟁을 일으킨 진짜 목적은 대동아공영권의 건설이었다.

1942년 9월 3일자 일본 육군성 보고서에는 지역별 위안소 수를 기록하고 있다. 중국 북부 100, 중국 중부 140, 중국 남부 40, 동남아 100, 서남태평양 10, 남부 사할린 10 등 총 400여 개였다.

1942년 여름 태평양의 과달카날섬에서 벌인 미·일 공방전은 이듬해 2월 미군의 승리로 끝났다. 패배한 일본 군부는 계속될 장기전에 대비해 국민 단결을 호소하는 대규모 선전 활동을 펼쳤다. 그해 9월 이탈리아가 연합군에 무조건 항복하고, 수상 무솔리니는 독일의 공수부대에 의해 구조되었다.

1944년 6월 일본군은 주둔하고 있던 남태평양의 사이판에서 대패함으로써 태평양에서 중요한 군사적 요충지를 잃게 된다. 사이판 함락 직전 일본 군인을 포함해 여자와 어린아이 등 수많은 민간인이 집단으로 자살했다. 사이판이 함락되자 일본 전선은 무력해졌다.

1945년 3월 10일 미국의 B29 전투기 수백 대가 동경의 민간인 밀집 지역을 무차별 폭격하여 태평양전쟁 기간 중에 일어난 공습 가운데 가장 많은 희생자를 냈다. 연전연승을 거둔 미군은 4월 1일 일본 남단 오키나와에 상륙했으나 군부가 항복을 거부해 전쟁은 계속되었다. 결국 오키나와 전투는 미군의 대승으로 끝났다. 수많은 오키나와 주민이 희생되었다.

1945년 7월 26일 미국, 영국, 소련, 중국의 4개국 수뇌들이 독일의 베를린 외곽 포츠담에 모여 '포츠담 선언'을 발표하고 일본에 항복을 요구했다. 하지만 스즈키 내각은 묵살했다. 8월 6일 연합국은 히로시마에 원자폭탄을 투하했다. 실전에 사용된 최초의 원자폭탄이었다. 이 폭격은 수십만 명의 사상자를 내고 히로시마 중심은 초토화되었다. 3일 후인 8월 9일 또 다른 원자폭탄이 나가사키에 투하되었다. 폭격은 일본 본토에 있던 많은 조선인과 중국인들의 목숨도 앗아갔다. 8월 15일 일본은 천황의 육성을 통해 종전을 선언했다. 항복이 아닌 종전이었다. 일본은 전쟁 중 스스로 패전이나 항복이란 단어 사용을 금지했고, 또한 패전을 인정하고 싶지 않았다. 일본 정부와 군부는 전쟁 책임을 회피하기 위해 위안부 서류 등 수많은 공문서를 파기했다.

오키나와에서 미군에 억류돼 있던 생존한 한국인 위안부가 1945년 11월 배편으로 고국에 돌아왔다. 히로시마 시립대학 타나가 유키 교수에 따르면, 오키나와 지역에 있던 한국인 위안부의 반 이상이 미군과 일본군의 전투에서 사망했다고 했다. 태평양전쟁이 끝난 후 미국령 괌, 영국, 베트남, 인도네시아, 중국, 필리핀, 호주 등지에서 일본인 전범 재판이 열렸다. 약 1천여 명의 일본군, 민간인이 사형 판결을 받았다. 일본군 위안부에 대한 성적 학대는 C급 전범에 해당했다. 1948년 2월 인도네시아 자카르타에서 열린 네덜란드 전범 재판에서 10여 명의 일본군과 민간인들이 C급 전범으로 유죄 판결을 받은 것이 다였다. 엄청난 전쟁 범죄인 종군위안부, 여성 인권 유린의 역사는 은폐되고 사라졌다.

위안부, 침묵의 40년

1991년 8월 14일은 일본군 위안부의 실상이 40년 만에 처음 폭로되었다. 이날 김학순 할머니의 증언이 없었다면 일본군 위안부의 실체가 드러나지 않았을지도 모른다. 그동안 조선인 일본군 위안부는 일본 제국주의 영화나 소설에서 잠깐 등장하고 사라졌을 뿐이었다.

일본군 위안부의 존재는 일본에서 처음 폭로되었다. 1973년 마이니치신문 기자 출신 작가 센다 가코는 일본군 위안부 제도의 문제를 제기했다. 센다 가코는 『목소리 없는 여성 8만 명의 고발-종군위안부』에서 일본군이 젊은 조선인 여자 20만 명을 동원했고 그 중 5~7만 명이 일본군 위안부가 되었다고 밝혔다. 이 책에는 일본군 위안부를 피해자로 인식한 시각이 들어 있지만 일본군 위안부를 일례로 일본의 군국주의를 고발한 것이지 전시 여성의 성 착취 문제를 제기하는 데까지는 나아가지 못했다.

그보다 한참 전인 1947년 일본의 육체문학 작가 다무라 다이지로는 조선인 위안부를 주인공으로 그린 「춘부전」을 발표했다. 조선인 위안부와 일본군 병사의 비극적인 사랑을 그린 소설이었다. 한국에서는 1965년 영화 〈사르빈강에 노을이 진다〉에 조선인 위안부가 조연으로 등장한다. 1970년대까지 일본군 위안부는 전쟁 범죄 피해자로 인식되지 못했다.

일본군 위안부가 전시 여성의 성 착취 문제임을 인식할 수 있게 해준 책은 1985년 일본인 위안부 시로타 스즈코가 쓴 『마리아의 찬가』였다. 그는 빚을 갚으려는 아버지에 의해 일본군에 팔려가 대만과 사이판의 일본군 위안소에서 성노예로 일했다고 고백했다. 그녀는 일본군 위안부 최초로 자신의 위안부 경험을 폭로했다. 김학순 할머니보다 훨씬 앞선 증언이었다.

1976년에는 재일비평가 김일면이 『천황의 군대와 조선의 위안부』라는 책에서 일제 강점기 민족 차별 문제를 고발했다. 김일면은 정신대와 위안부의 개념을 혼동해서 썼지만 이 책을 계기로 한국 시민단체를 중심으로 위안부에 대한 논의가 시작되었다.

1977년에는 위증 논란이 된 요시다 세이지의 『조선인 위안부와 일본인』이 발표되었는데, 그는 한 강연에서 자신이 군부대를 끌고 제주도의 한 마을에 와서 200여 명의 여성을 강제로 끌고 갔다고 고백했다. 이 발언이 1982년 9월 아사히신문에 공개되었고, 이후 일본군 위안부의 강제성을 고백한 『나의 전쟁 범죄』라는 책을 발표했다.

1970년대에 폭로와 증언이 이어졌지만 한국 사회는 냉담했다. 일본도 알고 있었고 대한민국 정부도 알고 있었다. 한국 정부는 알고도 모른 척했거나 일본군 위안부가 우리 역사에서 어떤 의미인지 알고 싶지 않았을 것이다. 이런 무관심과 배척 속에 한국인 위안부 할머니들은 잃어버린 40년을 살았다.

일본군 위안부 경험을 처음으로 폭로한 시로타 스즈코 할머니는 마을의 보호시설에서 남은 생을 보내다 1993년 타계했다. 종교에 귀의한 그녀는 목사에게 조선인 위안부 피해자들의 절규가 잊히지 않는다며 진혼비를 세워 달라고 간청했다. 마을 사람들은 스즈코의 사연를 듣고 기부금을 모아 조선인 위안부 피해자들을 위로하기 위한 진혼비를 1986년에 세웠다. 이것이 일본에서 시작된 위안부 관련 최초의 시민운동이었다.

1988년 한국교회여성연합회와 윤종옥 전 이화여대 교수, 김혜원, 김신실 등은 일본 후쿠오카와 오키나와에서 정신대 실태를 조사해 발표했다. 1990년에는 한국교회여성연합회, 대한YMCA연합회, 이화여대 여성학연구회 등 여성단체들이 모여 한국정신대문제대책협의회(이하 '정대협'으로 칭함)를 결성하고 조선인 위안부 문제 해결을 위한 대책을 강구했다. 이때부터 일본군 위안부 문제가 한일 양국에서 공론화되기 시작했다. 그때까지 위안부 문제는 아직 한일 외교 문제로 발전하지 않았지만 일본 군국주의에 의한 전시 여성 성폭력 문제는 인간 존엄에 대한 폭거라는 인식이 사회 전반에 퍼져나갔다.

김학순 할머니의 증언과 한일 공방

1991년 12월 16일 김학순 할머니는 위안부 피해를 폭로한 후 일본 정부를 제소했다. 태평양전쟁 희생자 유족회와 위안부 피해자 3명과 함께였다. 1992년 1월 13일 일본 정부는 가토 담화에서 위안소 설치와 운영에 일본군이 관여했다는 사실을 인정하고 사죄했다. 1993년 3월 13일 김영삼 대통령은 일본의 사죄와 진상 규명은 요구하되 물질적 보상을 요구하지 않겠다고 선언했다. 그리고 위안부 피해자에 대한 생활 안정 지원을 위해 법률을 제정했다.

그해 8월 고노 요헤이 관방장관은 위안부 동원에 강제성이 있었음을 처음으로 인정했다. 한국의 도덕적 우위에 입각한 자구 조치가 효과를 발휘한 셈이다. 그러나 일본 법원에 손해배상 소송을 제기한 피해자들은 일본이 법적 책임을 지고 배상할 것을 요구했다. 1995년 일본이 위안부 피해 여성을 위한 아시아평화국민기금을 발족했고, 그해 8월 15일 무라야마 총리는 과거사를 통렬히 반성하며 사죄한다고 밝혔다. 1996년 1월 유엔 특별보좌관 쿠마라스와미는 위안부 문제에 대한 유엔 첫 보고서를 발표했다. 1998년 3월 시모노세키 관부재판에서 일본 정부는 위안부 피해자에게 48억 8천만 원을 지급하라고 판결했다. 그해 10월 8일 김대중 대통령과 오부치 게이조 총리는 정상회담에서 '21세기 새로운 한일 파트너십 공동선언'을 발표했다. 1995년 무라야마 도미이치 총리가 발표한 '전후 50년 담화'를 기반으로 과거사에 대한 반성과 사죄를 공식 외교 문서에 담은 것이다. 이윽고 2000년 12월 일본군 성노예 전범에 대한 국제여성법정이 도쿄에서 열렸다.

2005년 8월 노무현 정부는 한일회담 문서 공개 후속 대책을 위한 민관 공동위원회에서 위안부 피해자, 사할린 동포, 원폭 피해자 등에 대해 일본 정부의 법적 책임이 남아 있다고 결론지었다. 그러자 2006년 7월 위안부 피해자 109명은 외교적 노력을 하지 않은 한국 정부를 상대로 헌법 소원을 냈다. 헌법재판소는 2011년 피해자들의 손을 들어줬다.

2007년 아시아평화국민기금이 해산되고 7월 미국 하원에서 위안부 결의안이 만장일치로 채택되었다. 2011년 8월 헌법재판소의 '부작위 위헌' 결정은 한국 정부와 일본이 양자 교섭을 나서도록 만드는 직접적인 계기가 되었다. 1965년 한일청구권협정에 관한 해석 차이가 엄연히 존재하는데도 정부가 분쟁 해결 절차를 이행하지 않아 피해자의 기본권을 침해한다고 지적했기 때문이다. 한국 정부는 곧바로 청구권협정 3조 1항에 따른 외교 협의를 요청하였으나 일본은 응하지 않았다. 이명박 대통령은 2011년 12월 교토에서 노다 요시히코 총리를 만나 위안부 문제를 정면으로 거론했고 한일 관계는 급격히 얼어붙었다. 2012년 3월 사사에 겐이치로 외무성 차관, 10월 사이토 쓰요시 관방장관은 총리 공식 사죄와 인도주의적 명목의 위로금 전달, 일본 국고로 위로금 지급, 위안부 공동 연구 등의 내용을 포함시켰으나 국가 책임 인정 부분에서 의견 차이를 좁히지 못했다.

박근혜 정부의 대일 기조는 위안부 문제가 한일 관계의 첫 단추라고 보고, 위안부 문제의 우선 해결을 주장했다. 한국 정부는 유엔에서 열리는 국제회의 때마다 위안부 문제를 제기했다. 그러나 역사 수정주의 세력을 등에 업고 재집권한 아베 신조 총리는 움직이지 않았다. 박 대통령은 2014년 3월 네덜란드 헤이그 한·미·일 정상회담에서 처음 아베 총리를 만났다. 아시아 균형 정책을 표방한 버락 오바마 미 행정부는 한·미·일 갈등이 한미 공조의 걸림돌이라고 믿었고, 위안부 문제 해결에 동의했다. 한국과 일본은 2014년 4월부터 외교 국장급 협의를 개시했고, 이듬해 1915년 12월 협상 타결을 발표했다. 위안부 피해자와 정대협은 거세게 반발했다. 일본이 '도의적'이란 단서를 빼고 책임을 통감한다고 한 것이나 일본 정부 예산 거출 계획을 한 것은 이전보다 진전된 내용으로 볼 수 있다. 하지만 피해자 동의 없이 양국 정부끼리 서둘러 '최종적 불가역적 해결'을 선언한 것이 최대 패착이었다. 국제 사회 상호 비난 자제, 평화의 소

녀상 이전 약속 등도 여론을 악화시켰다. 일본과 한국의 입장 차는 처음부터 명확했다. 일본은 한일청구권협정으로 문제가 다 해결됐다고 주장한 반면, 한국은 피해자들의 배상 청구권이 소멸되지 않았다고 보았다. 피해자가 받아들일 수 있는 해법에 도달하기 위해서는 피해자와 충분한 협의 과정을 거쳐야 한다. 위안부 운동 단체가 강경한 요구로 일관한다 하더라도 정부는 원칙을 훼손하지 않는 범위 내에서 현실과 당위성 사이에 타협점을 찾아야 했다. 이 문제를 간과하자 국가에 대한 피해자들의 불신은 더 커졌다.

2017년 대통령 선거 당시 문재인 후보를 비롯한 여야 정치인들은 한 목소리로 위안부 합의를 비판했다. 문재인 정부는 그해 7월 외교부 장관 직속으로 한일 위안부 합의 검증 태스크 포스를 설치했다. 그해 12월 보고서에서는 위안부 합의가 피해자 중심으로의 접근을 외면했다고 지적했다. 문재인 대통령은 입장문을 내고 "위안부 협상은 절차적으로나 내용으로나 중대한 흠결이 있다. 이 합의로 위안부 문제가 해결될 수 없다"라고 했다. 2018년 11월 화해와치유재단이 해산되고 2019년 헌법재판소에서 위안부 합의 헌법소원을 각하했다. 하지만 현재까지도 한국 정부는 대안을 제시하지 못하고 있고 위안부 합의에 대해 파기도, 재협상도 아니라고 주장한다. 정부의 어정쩡한 태도는 오히려 일본으로부터 약속을 지키지 않는 나라라고 공격받는 빌미가 되었다. 타협을 거부하고 최대치의 목표에만 집착하는 것은 운동 단체의 논리이지 정부가 취할 방향이 아니라는 비판도 받았다. 외교는 상대가 있다는 점을 간과하고 만점을 얻으려는 태도가 한일 관계 전반을 지배하고 있다는 것이 문제다.

생존 피해자 3분의 2에 해당하는 할머니들이 일본 정부의 지원금을 받았다. 정부가 피해자 중심에 무게를 두고 문제 해결을 해야 하지만 돈을 받은 피해자가 있다는 것을 전제로 현실적 해법을 모색해야 할 것이다. 위안부 문제 합의로 설치된 화해와치유재단은 해산됐지만 재산 56억은 아직 남아 있다. 일본에 대한 사과나 배상, 법적 책임 인정 요구가 이루어진다 해도 위안부 문제는 끝날 수 없다. 진정한 사과의 눈높이가 양국 국민과 양국 정부 모두 서로 다르기 때문이다.

일본의 사과

1997년 하시모토 류타로 당시 일본 총리는 한국인 위안부 피해자에게 다음과 같은 사과의 편지를 썼다.

종군위안부 문제는 당시 구 일본군이 관여하여 많은 여성들의 명예와 존엄성에 깊은 상처를 입힌 문제입니다. 저는 일본국 내각 총리 대신으로서 다시 한번 소위 종군위안부로 수많은 고통을 겪고 심신 양면에 걸쳐 치유하기 어려운 상처를 입으신 분들에게 진심으로 사과와 반성의 뜻을 말씀드리고자 합니다. 우리는 과거의 무거움으로부터, 미래를 향한 책임으로부터 도망칠 수는 없습니다. 우리나라로서는 도의적인 책임을 통감하면서 사과와 반성의 뜻에 입각하여 과거의 역사를 직시하며 이것을 후세에게 바로 전달하는 것과 동시에 부조리한 폭력 등 여성의 명예와 존엄성에 관한 문제들에 대해서도 적극적으로 임해야 한다고 생각합니다. 끝으로 여러분들의 앞으로의 인생이 평온하시기를 충심으로 비는 바입니다.

아키히토 천황을 비롯해 미야자와 기이치, 호소카와 모리히로, 무라야마 모미이치, 하시모토 류타로, 오부치 게이조, 모리 요시로, 하토야마 유키오, 고이즈미 준이치로 등 역대 일본 총리들은 많은 고통을 겪고 치유하기 어려운 상처를 입은 한국인 위안부 피해자들에게 사죄와 반성을 담은 발표문을 썼다. 그러나 아베 전 총리는 직접 사과를 하지 않았다. 아베는 정치 초년부터 일본군 위안부의 강제 동원을 인정한 고노 담화에 불만을 토로했다.

고노 담화는 1993년 8월 4일 일본 정부가 일본군이 여성의 성을 전쟁 수행의 도구로 사용한 중대 범죄였음을 처음으로 인정한 공식 발표였다.

과거 중일전쟁, 태평양전쟁 중 장기간에, 또한 광범위한 지역에 걸쳐 군 위안소가 설치되어 수많은 위안부가 존재하였다는 것이 인정되었습니다. 위안소는 당시의 군 당국의 요청에 의해 설영된 것이며, 위안소의 위치, 관리 및 위안부의 이송에 관해서는 구 일본군이 직접 혹은 간접으로 이에 관여하였습니다. 위안부 모집에 대해서는, 군의 요청을 받은 업주가 주로 이를 맡았으나, 그 경우에도 감언, 강압에 의하는 등 대체로 본인의 의사에 반하여 모집된 사례가 많이 있었으며, 더욱이 관헌 등이 직접 이에 가담했다는 것이 명확해졌습니다. 또한 위안소에서의 생활은 강제적인 상태하에서의 참혹한 것이었습니다. 전장에 이송된 위안부의 출신지는 일본을 제외하면 조선반도가 큰 비중을 차지하고 있었으나, 당시의 조선반도는 일본의 통치하에 있어, 모집, 이송, 관리 등도 감언, 강압에 의하는 등 대체로 본인의 의사에 반해 행해졌습니다. 결국 본 건은 당시 군의 관여하에 다수 여성의 명예와 존엄에 깊은 상처를 준 문제입니다. 일본 정부는 이 기회에 그 출신지의 여하를 묻지 않고, 이른바 종군위안부로서 허다한 고통을 경험 당하고 심신에 씻기 어려운 상처를 입은 모든 분들에게 사과와 반성의 마음을 올립니다. 또한 그런 마음을 일본 정부로서 어떻게 나타낼 것인가에 대해서는 전문가들의 의견 등도 구하면서, 앞으로도 진지하게 검토해야 할 것으로 생각합니다. 우리는 이런 역사의 사실을 회피하지 않고 오히려 이것을 역사의 교훈으로서 직시해 갈 것입니다. 우리는 역사 연구, 역사 교육을 통해 이 문제를 오랫동안 기억하며 같은 과오를 결코 반복하지 않겠다는 굳은 결의를 다시금 표명합니다.

고노 담화는 즉시 일본 우익 보수파들의 비판 대상이 되었고, 굴욕적인 담화이므로 이를 철회해야 한다고 주장했다. 아베 총리는 2007년 5월 27일 중의원 회의에서 중학교 교과서에 일본군 위안부

동원이 강제적이었다는 설명이 실린 것을 거론하며, 그 근거가 된
것 중 하나로 고노 담화를 지적했다. 고노 담화 중 군 당국이 이에
직접 가담한 적이 있다는 설명을 거론한 것이다. 일본군이 인도네시
아에서 네덜란드 여성을 위안소로 강제로 연행했음을 보여주는 전
범재판 자료, 일명 바타비아 재판 기록이 2013년 공개됐고, 이들 문
서를 일본 법무성이 입수해 보고했다는 사실이 있는데도 아베 총리
는 뜻을 굽히지 않았다. 그러나 그는 2013년에서 2015년에 "위안부
문제에 관해서는 필설 홀로 다하기 어려운 괴로움을 겪은 분들을 생
각하면 매우 마음이 아프다. 이 점에 관한 생각은 나도 역대 총리와
다르지 않다"며 언급한 바 있다. 아베 총리는 일본 총리로서 다시 한
번 많은 고통을 겪고 심신에 치유하기 어려운 상처를 입은 모든 위
안부 피해자에게 진심으로 사과와 반성의 마음을 표명한다고 기시
다 당시 외무상을 통해서 밝혔다. 하지만 아베 총리가 직접 사과의
뜻을 밝히지 않아 대독 사죄라는 논란을 낳았다.

2001년 고이즈미 준이치로 총리는 '일본 국민의 속죄'라는 사과
문에서 다음과 같이 밝혔다.

일본군 당국이 개입한 위안부 문제는 많은 여성의 존엄과 정절에
대한 심각한 모욕이었습니다. 위안부가 되어 헤아릴 수 없이 고통
스러운 경험을 하며 치유하기 어려운 물리적, 정신적 상처를 입은
여성들에게 일본 총리로서 깊은 사과와 속죄의 마음을 전합니다.
우리는 과거의 무게와 미래에 대한 책임을 회피해서는 안 됩니다.

나는 사과와 속죄의 마음으로 이 사건의 도의적 책임을 고통스럽게 느끼며, 일본이 지난 과거를 마주하고 이를 다음 세대에 정확하게 전달해야 한다고 믿습니다. 또한 일본은 여성의 존엄과 정절에 대한 폭력과 그 외 여러 불의를 처리하는 것에 적극적으로 참여해야 합니다. 마지막으로 나는 진심으로 여러분 모두의 남은 생에 평화가 깃들기를 가슴 깊이 기원합니다.

하토야마 유키오 전 일본 총리는 2015년 8월 서대문 형무소 순국선열 추모비에 무릎을 꿇고 일본의 식민 지배로 인한 피해에 대해 진심 어린 사죄를 했다. 그의 소부 하토야마 이치로는 자민당을 만든 유명한 정치인이다. 2015년 한일 위안부 문제 합의 시 유키오는 '최종적이고 불가역적 해결'이란 말은 상처받은 사람들의 입장을 헤아리지 못한 발언이며, 일본 정부는 피해자들이 더는 사죄할 필요가 없다고 말할 때까지 항상 사죄하는 마음을 가져야 한다고 말했다.

일본 정부, 일본 의회, 일본 천황의 사과가 피해자와 피해자 단체가 기대하는 수준에 도달하기는 아직 요원하다. 일상적 외침과 집회가 되어버린 일본대사관 앞의 수요집회는 30년 세월을 훌쩍 넘겼다. 이제 살아계시는 위안부 할머니는 10여 분, 끝이 보이지 않는 위안부 문제 해결은 그 분들 모두가 세상을 떠나도 끝날 것 같지 않다.

기적은 기적적으로 오는 게 아니다

"기적은 기적적으로 오는 게 아니다."

1998년 10월 8일 일본 국회에서 김대중 대통령은 한국의 기적을 이렇게 요약했다. 한국 산업 발전과 민주화는 기적이 아니라 한국 국민들이 피와 땀으로 이뤄낸 것이란 의미다. 이날 김대중 대통령은 오부치 게이조 총리와 한일 정상회담에서 '21세기 새로운 한일 파트너십 공동선언'이라는 역사적 합의를 끌어냈다. 오부치 총리는 일본의 식민 지배로 한국 국민에게 막대한 고통과 손해를 안겨주었다는 사실을 겸허히 인정하면서 통절한 반성과 마음으로 사죄한다고 했다. 김대중 대통령은 오부치 총리의 표명을 진지하게 받아들이고 높이 평가했다. 양국이 불행한 역사를 극복하고 화해와 선린 우호 협력에 입각해 미래 지향적 관계를 맺고 노력하는 것이 시대의 요청이란 것에 동의했다.

　오부치 총리의 사죄는 1995년 무라야마 도미이치 총리의 '전후 50년 담화'를 기반으로 한다. 무라야마 사과 담화가 한일 정상 간 첫 외교 문서가 된 셈이다. 김 대통령이 이를 받아들여 화해를 표명한 것도 획기적으로 평가되었다. 선언문에는 한국이 일본 대중문화를 수용하겠다는 내용까지 담겨 있다.

　이 선언의 주역이 김대중 대통령이라는 점에도 의미가 있다. 박정희 대통령은 1965년 일본과 한일기본조약을 맺어 굳게 닫혔던 대일 국교를 열었다. 하지만 한일 국민 간의 화해를 이끄는 실질적인 노력은 없었다. 일본은 담화를 통해 반성을 언급했지만 반성에 상응하는 대책에는 소극적이었다. 한국에서는 한일협정을 반대하는 시위가 격렬하게 일어났다.

　박정희는 냉전 시대에 한일 대외 협력이 필요하다는 전략적 판단을 했을 것이다. 일본과의 경제 협력을 통해 한국의 경제를 부흥시키려는 의도도 있었다. 박정희로부터 가혹한 정치적 탄압을 받아온 민주화의 상징 김대중 대통령이 한일 관계의 물꼬를 트려는 노력은 의미가 있었다. 일본 총리의 사죄를 받아들여 협력 관계를 이행하면서 한일 문화 교류는 크게 진전되었다. 하지만 이후의 한일 정치 지도자들은 김대중 대통령의 성과를 계승하지는 못했다.

　아베 신조 총리와 박근혜 대통령, 이명박 대통령, 문재인 대통령은 일본과 반목적 긴장 관계를 형성했다. 문제는 쌍방에 있다. 아베 정권에게는 과거사에 대한 진정한 반성이 없었다. 그는 언제까지 사과를 반복해야 하는가라는 의문을 품고 있었다. 그의 태도 또한 전략적 선택이었다. 외조부인 A급 전쟁 범죄 용의자 기시 노부스케 전 총리가 과거 박정희 정권을 도왔다는 사실도 그의 정치적 입장을 강경하게 몰고 갔을 것이고, 일본의 국내 정치 상황을 고려한 전략적 선택이었다. 그의 여러 담화와 입장을 보건대, 일본의 과거사에 대해 올바른 인식을 가졌다고는 볼 수 없다.

한국에는 한일기본조약을 인정하지 않는 인식이 계속 있었다. 한일협정에서 명시한 보상 청구는 최종적이고 완전하게 종료되었다고 밝히고 있지만, 피해자 개인에게 인정되는 판결은 아니라는 국내 법원의 판결이 잇따르고 있다. 이 판결에 일본은 당혹해했고 아베 정권의 태도를 경직시켰다.

국가 간 합의의 의미

국가 간 합의에 내포된 개념은 '약속'이다. 어떠한 상황에서도 서로 지켜야 한다는 신뢰다. 합의를 하고도 이런 저런 이유로 약속을 지키지 않고 파기하는 국가는 국제 사회에서 신뢰를 잃는다. 약속과 합의를 지키는 나라가 정상이다.

한국의 역대 정권은 과거사 위안부 문제가 나올 때마다 과거의 사과는 지워버리고 다시 사과를 하라고 했다. 정권이나 대통령이 바뀔 때마다 일본의 사과가 필요했다. 일본 국민과 정치권은 한국 정부의 태도에 지쳤다는 여론이 비등했다.

2015년 12월 박근혜 정부는 우여곡절 끝에 위안부 문제에서 일본 정부와 최종 합의를 이끌어냈다. 일본 정부는 사과의 의미로 정부 예산 10억 엔을 출연했다. 이 합의를 문재인 정부는 원점으로 되돌렸다. 2017년 12월, '일제하 일본군 위안부 피해자에 대한 보호와 지원 및 기념사업 등에 관한 법률' 일부 개정안이 통과되며 국가 기념일로 '위안부 기림일'까지 만들었다. 문재인 대통령은 2018년 8월 14일 일본군 위안부 피해자 기림의 날에 "위안부 할머니들의 잃어버린 세월을 우리는 잊어서는 안 되며, 대한민국은 할머니들에게 많은 빚을 지고 있다. 그들로부터 많은 것을 배웠다"라고 밝혔다. 청와대로 위안부 할머니를 초대하고 외교적인 자리에도 초청했다.

일본은 문재인 정부가 무엇을 바라며, 어떻게 해야 더 이상의 갈등을 해소할 수 있는지에 대해 의문을 제기한다. 한국 정부는 일본 정부의 진심 어린 사과와 배상을 요구한다고 주장하는 데 반해, 일본 정부는 한국 정부와 관련 단체들은 하나를 얻고 나면 또 다른 것을 요구한다고 주장한다.

1965년 한일기본조약에서 박정희는 일제 강제징용 노동자에 대해 포괄적 해결을 이루었다고 명시했지만, 2018년 말 한국 대법원은 피해자 개개인의 배상 청구권은 소멸되지 않았다고 판결했다. 일본 정부는 반발했다. 샌프란시스코 조약(1951년) 이후 만들어진 세계 질서를 한국이 허물었다며 국제법 위반이라며 주장했다. 한국 대법원이 강제징용 노동자에 대한 배상 청구권이 살아 있다고 선언한 뒤, 아베 내각은 대한 일부 수출 품목의 동결 등을 선포했다. 문재인 정부는 일본의 보복이라며 경제 전쟁보다 더한 경제 침략이라고 맞섰다.

외교는 국내 정치와 다르다. 한 번 결정하면 돌이키기 어렵다. 외교적 타협은 양측 모두가 만족할 수 없는 결과가 대부분이다. 서로의 양보만이 타협에 이를 수 있다. 약속을 폐기하고 다시 꺼내 들어 국내외 정치에 이용하며 벌어지는 외교 전쟁에서 피해를 입는 건 당사자들이다. 위안부 피해자나 강제징용 노동자, 재일동포의 현실적 고통은 뒷전에 있다. 피해자들은 정쟁으로 점철된 한일 관계의 그늘에 가려 수십 년을 넘어 여전히 고통받고 있다.

재일동포 아이들의 90퍼센트 이상이 일본 학교에 다니고 있다. 한일 정쟁으로 그들이 겪을 고난을 헤아리는 정치인들이 있을까? 재일동포 사회는 그동안 지내온 인고의 세월만큼 힘든 상황에 처해 있다. 아버지 세대가 과거 역사로부터 상처를 안고 한일 문제를 바라봤다면, 미래를 이끌 청소년들은 과거의 갈등과 상처로부터 벗어나 서로를 인정하며 미래로 나아가야 한다. 그런 사회를 만드는 것이 지금 어른들의 몫이 아닌가.

빼앗긴 자와 빼앗은 자

일본군 위안부 문제를 들여다보면 복잡성과 다양성, 역사성이 혼재되어 단순하게 정의를 내리기 어렵다. 그러나 하나의 인식만은 분명하다. 그것은 일본 제국주의가 자행한 반인륜적이며 조직적인 전쟁 범죄라는 사실이다.

일본군 위안부 문제는 일본군 사기 진작이라는 명목으로 국가가 저지른 조직적인 성노예 범죄이며, 장기적인 집단 성폭행 만행이라고 규정할 수 있다. 종군위안부는 총알이 빗발치는 최전선에서 총알받이로 전락한 일본군의 욕구 해소를 위해 이용된 군수용이었다. 위안부 본인의 의사에 반한 성적 침해이며, 육체적 정신적으로 인권을 유린한 반인도적 범죄다.

오랜 역사를 들여다보면 많은 전쟁이 있었지만 조직적, 장기적으로 위안소를 설치한 나라는 없었다. 일본이 유일하다. 종군위안부 문제는 인권 회복과 인류의 평화를 위해 국제 사회의 심판을 받아야 마땅하다. 반윤리적 전쟁 범죄에 대한 비판과 함께 살아계신 분들과 돌아가신 분들에 대해 일본의 진정성 있는 사과와 법적, 정신적 보상이 따라야 한다.

문제 해결을 위해 우리는 논리적으로 철저히 무장하여 국제 사회와 함께 연대해야 한다. 캐더린 베리는 '성노예'를 다음과 같이 정의했다.

"여성이나 소녀들이 자신이라는 존재의 직접적인 조건(immediate condition)을 바꿀 수 없는(불가능한) 상황으로부터 빠져나올 수 없는 상태에서 성 착취와 성폭력의 대상이 되는 자이다."

종군위안부들은 항거 불능 상태에 놓여 있었던 성노예였다. 중국과 동남아시아 최전선에서 감금, 감시, 폭언, 폭행을 당하고, 잔혹한 살상과 신체 훼손이라는 전쟁 범죄의 희생양이었다. 1930년대 태평양전선이 확대되면서 '종군위안부 사냥'은 조직적으로 자행되었다. 일본 정부가 기획하고 군부가 연출했으며, 총괄 지휘자는 조선총독부였다. 조선총독부는 조선반도의 사정에 밝은 협력자들에게 높은 성과급을 주고 민간업자 신분으로 조선 여성과 소녀를 모집했다. 수요가 공급을 따를 수 없자 취업 사기, 감언과 기만, 인신매매, 급기야 납치(약취), 유괴(유인)를 서슴지 않았다. 군과 경찰도 강제연행에 협조했다. 동원 행위는 여성의 자유의지에 반한 강제성이었기에 노예 사냥과 다름없었다.

모집업자를 포주나 매춘업자로 보는 시각도 있을 것이다. 그렇다고 해도 위안부는 평화 시기의 요릿집이나 유곽의 자발적 작부, 예기, 사공창의 창녀와는 근본적으로 다르다. 모집업자는 여성 조달을 위한 성과제 군무원이나 군속으로 보는 것이 타당하다. 일부 학자들은 모집업자를 군과의 공범 관계나 동업자로 취급하기도 하고 고위험, 고수당의 조연자들로 보기도 하나 군은 이들에게 신분 보장과 함께 모집 시 현지 수송, 정착, 철수를 수행하는 일에 군과 동일하게 대우하고 지원했다. 과거 아프리카 노예사냥을 위해 백인들이 현지 사정에 밝은 본토 흑인들을 고용해 높은 인센티브를 주고 이용했던 방법에서 알 수 있듯이 주연은 유럽, 미국의 백인들이었고 현지 흑인은 노예사냥의 행동대였다. 그렇다고 모든 책임이 흑인업자에게 있다고 하지 않는다. 전시 상황에서 식민지 지배하에 있던 조선 여자, 종군위안부의 모집과 비윤리적 운용은 전적으로 일본 제국에 있다. 한국인 여성들은 빼앗긴 나라의 백성이자 가부장적인 여성 차별의 희생자였다. 망국의 책임자인 조선의 왕과 위정자들은 일본 제국보다 더 큰 책임을 져야 한다.

자강

일본에서 시작된 폭로

일본군 위안부 문제는 1970년부터 일본 좌익 단체로부터 폭로되기 시작했다. 대동아공영이라는 미명하에 우익 군부가 저지른 중일전쟁과 태평양전쟁 피해 사례를 조사하고 이슈화하는 과정에서 표면화된 것이다.

1971년 일본의 시사 주간지 『주간 실화』에서 처음으로 '종군위안부'라는 용어가 등장했다. 그후 1973년 센다 가코의 『목소리 없는 여성 8만 명의 고발-종군위안부』가 발간되면서 세상에 처음으로 알려졌다. 기자 출신인 센다 가코는 중국 다롄에서 태어났다. 책에서 위안부 동원의 경위와 실상, 패전 후의 처리 등을 다뤘다. 그는 군인, 군의관, 위안소 운영 관련자 등 참전했던 일본인 남성들의 증언에 의존할 수밖에 없었다고 밝혔다. 그러면서 인터뷰에서 집필 동기를 '위안부들의 슬픈 역사, 비참한 삶을 파헤칠 수 있을 만큼은 밝혀야 한다'고 생각했다고 했다.

1976년 재일 조선인 김일면이 쓴 『천황의 군대와 조선의 위안부』는 별 주목을 받지 못했다. 일본 언론에 주목을 받은 책은 좌익 정치가 요시다 세이지의 『조선인 위안부와 일본인』이다. 이 책 출간 후 위안부 문제가 수면 위로 떠올랐다. 요시타 세이지는 전쟁 당시 야마구치현 시모노세키 노무보국회지부에서 동원부장으로 일한 인물이었다. 1947년 일본 공산당 후보로 시모노세키 시의원 선거에 출마했으나 낙선했다. 1982년 요시다 세이지는 『나의 전쟁 범죄-조선인 강제연행』이라는 증언집을 발간하고 한국을 방문해 사죄비를 건립하기도 했다. 그의 증언을 특히 아사히신문이 다루면서 주목하기도 했지만 날조였음을 우리나라의 제주신문이 밝혀냈다. 이 문제를 놓고 일본에서는 한동안 논란이 되었다. 하지만 한국 언론과 국민들에게는 문제가 되지 않았다. 위안부 문제에 원래부터 관심이 없었기 때문이다.

1984년 타이 핫차이의 노수복 위안부 생존자를 중앙일보가 특집기사로 다룬 바 있고, 1987년 오키나와에 사는 배봉기 할머니가 『빨간 기와집-조선에서 온 위안부 할머니』라는 책을 써서 국내에 내놨지만 그것도 관심을 받지 못했다.

위안부 문제가 관심을 받기 시작한 것은 1990년 이화여대 영문과 윤종옥 교수가 한겨레신문에 「정신대의 발자취를 찾아」라는 칼럼을 연재하면서부터였다. 그해 11월 16일에 정대협이 출범했다. 그

후 1991년 8월 14일 김학순 할머니의 증언이 나왔다. 그리고 일제 강점기에 일본인 초등학교 교사였던 이케다 마사에는 12세 조선인 학생들을 정신대로 보냈음을 증언했다. 당시 10월에는 위안부를 주인공으로 다룬 전쟁 드라마 〈여명의 눈동자〉가 방영되면서 공전의 시청률을 기록하고 있었다.

1992년에는 일본 주오대학 역사학 교수 요시미 요시아키가 일본군 위안소에 군이 관여했다는 자료를 폭로하면서 위안부 문제는 국내를 비롯해 전 세계에 알려지게 되었다. 해방 후 40년간 수면 밑에 잠자고 있던 문제가 터져나온 것이다. 곧 일본의 진보 언론 아사히와 마이니치가 일본 정부에 양심 고백과 반성을 촉구하고 나섰지만 요시다 세이지의 증언이 조작된 것으로 알려지면서 일본 우익의 표적이 되었다. 일본의 보수 언론과 우익 정치권은 위안부 문제를 비판한 아사히신문을 공격하며 거의 20년 동안 비난의 화살을 돌렸다. 혐한론은 확산되고 한일 관계는 정치권을 넘어 일본 국민에게도 번져나갔다. 한일 위안부 전쟁은 국가 대 국가, 국민 대 국민의 전면전 양상을 띠었다. 아사히신문의 한때 정의로운 논조는 매국, 망국 행위로 몰아가는 일본 보수 우익의 날선 공격에 고개를 숙이는 지경에 이르렀다.

이런 상황에서 1998년에 있었던 김대중 대통령과 오부치 게이조 총리의 공동 합의는 위안부 문제에 대한 터닝 포인트가 될 수 있었다. 오부치 총리는 한일 외교 사상 최초로 과거사를 반성하고 사죄한다는 내용을 공식 합의문에 명시했다. 과거를 직시하며 두 나라의 미래를 열어가자는 공감대를 형성했다. 김대중 대통령은 일본에 대한 강압적인 사죄보다 일본 스스로가 깨닫는 것이 진정한 사죄라고 했다. 패배의 역사, 슬픈 과거, 아픈 기억들은 잊지 말아야 하지만 다시 생채기를 내는 것은 좋지 않으며, 고통의 역사를 넘어 관대함을 우리의 후손들에게 물려주어야 한다고 믿었다. 일본과의 합의가 일본에 대한 문화 종속이라는 비판적인 여론에도 불구하고 일본 문화를 개방한 것은 지금 한국 문화 강국을 이루는 기틀이 되었다. 일본과 악수한 김대중 대통령을 그 누구도 친일파라고 하지 않는다.

위안부의 처참한 세월

위안부 여성들이 사는 가니타 마을에는 조선인 위안부 진혼비가
외롭게 서 있다. 일본군 위안부였던 시로타 스즈코가 1985년 8월 15
일에 세운 비석이다. 시로타는 고통스럽다고 울부짖는 소리, 집으로
돌아가고 싶다, 군인들을 죽여버리고 싶다는 조선인 위안부들의 영
혼을 위로하기 위해 세웠다고 말했다. 『마리아의 찬가』에서 그녀는
빚더미에 오른 아버지가 자신을 유곽에 팔아넘겼다고 증언했다. 타
이완으로 끌려간 그녀는 '해군 전용'이라는 간판이 걸린 20여 개 위
안소 중 한 곳에서 위안부 생활을 했다. "인정이나 감정이라곤 전혀
끼어들 여지가 없는, 오로지 욕망만이 존재하는 전쟁터에서 하루에
도 수십 명의 짐승 같은 일본 군인에게 육체를 농락당하는 성노예로
살았다"고 그녀는 밝혔다. 전쟁이 격화되면서 대만에서 사이판으로,

다시 팔라우섬까지 끌려갔다. 대부분 조선 여성과 오키나와 여성이었다. 야자나무 이파리로 지붕을 잇고 바닥은 짚으로 만든 거적으로 깔고 겨우 엉성한 천조각 칸막이가 설치된 지옥 같은 곳에서 피골이 앙상한 군인들에게 육체를 유린당했다. 너무 끔찍해서 자살한 위안부도 많았다. 죽어도 묻힐 만한 곳이 없어서 시체를 밖에 내던져 놔야 했던 참혹한 전장 위안소의 모습을 폭로했다.

중국 유학생과 결혼한 일본인 항일운동가 하세가와 데루는 조선인 위안부 목격담을 전했다. 1938년 12월 충칭으로 온 조선인 위안부는 매독에 걸려 얼굴이 누렇게 뜨고 몹시 수척한 모습을 하고 있었다. 또 다른 여성은 임신해 배가 불러 있었다고 증인했다. 하세가와 데루는 일본을 향해, "나를 매국노로 불러도 전혀 두렵지 않다. 남의 나라를 침략하는 데서 그치지 않고 죄 없는 사람들을 죽이고 지옥을 만드는 일본의 국민이라는 것이 오히려 나에게는 지옥"이라며 조국을 맹비판했다.

중일전쟁 당시 육군 군의관 중위로 복무한 가나자와의대 교수 하야오 도라오는 논문「전쟁의 특수성과 그 대책」에서 일본 제국이 종이 한 장으로 일본 남성들을 사지로 몰았으며, 그들의 성을 관리하기 위해 전장에 위안소를 만들어 일본군을 혐오스러운 동양의 마귀로 전락시켰다고 썼다. 언제 죽을지 모르는 군인들에게 두려움과 불만을 잠재우기 위해, 전쟁에 대한 분노가 국가나 상관에게 향하지 않도록 하기 위해 위안소를 설치했다고 주장했다.

반전운동가 가와세 마키코 씨는 2010년 연말에 중국인 위안부 우이샤오란과 그의 아들 리샨 쉐를 초청해 그들의 고통을 증언했다. 일본군 위안부 생활을 하며 짓밟히고, 수십 년 세월 동안 멸시받고 결혼도 못한 채 살아온 우이샤오란은 위안부 생활을 하며 임신해서 아들을 낳았다. 리샨 쉐는 "수많은 일본군이 어머니를 능욕했고, 누가 진짜 내 아버지인지 알 수 없어요. 우리 집 사정을 알고 있는 분들과 이웃들이 어서 죽기만 바랄 뿐이에요"라며 통곡했다.

위안소 여성들은 대부분 서너 차례 임신을 했다. 춥거나 찌는 듯한 무더위에 노출되어 몸을 건사할 수 없는 비참한 지경이었고, 극심한 성폭행에 시달려야 했기에 자신이 임신했다는 사실도 몰랐다. 대부분 출혈로 유산을 하거나, 무조건 달려드는 군인들로 인해 유산되기 일쑤였다. 1939년부터 1942년까지 전쟁에 동원되었던 화가 야마시타 가쿠지는 『무너져 내린 늪』이라는 책에서 전선에서 위안부 여성들이 비인간적인 학대와 차별, 고통 속에서 죽어갔다고 고백했다. 그가 처음으로 위안부를 본 것은 순찰 장교를 따라간, 중국인 민가를 임시로 수리해 만든 위안소였다. 방문 앞마다 병사들이 마치 발정 난 수캐처럼 미리 각반을 풀어놓고 대기하고 있었다. 빨리 끝내라고 외치는 고함 속에 줄을 서 있었는데 곧 자신의 차례가 왔다는 것을 알았다. 위안부는 장교용과 하사관, 병사용이 따로 있었다. 어리고 새로 온 여성은 신품이라 하여 장교를 상대해야 했고, 국적, 나이, 성병 유무에 따라 1, 2, 3등급이 매겨졌다. 질병 등으로 쓸모가 없어지면 폐품으로 취급되어 사라졌다고 증언했다.

조선의 낭자군, 맨살의 천사

1947년 일본 작가 다무라 다이지로는 그의 전쟁 소설 『춘부전』 서문에 이렇게 썼다.

"이 작품은 전쟁 기간 동안 대륙의 벽지에 배치되어 일본군 하급 병사의 위안을 위해 일본 여성이 공포와 멸시로 가까이 하려 하지 않았던 여러 최전선에서 (일본 제국에) 정신하며 그 청춘과 육체를 바쳐 스러져 간 수만의 조선 낭자군에게 바친다."

다무라 다이지로는 해방 이후 최초로 위안부의 실상을 밝혔다. 천황제 국가 체제가 무너지고 걷잡을 수 없는 사회적 혼란과 경제적 빈곤 상황에서 결국 남은 것은 육체뿐이라는 시대정신이 문학으로 표출되었다. 일본은 천황의 통치 원리인 국체사상의 반작용으로 육체문학이라는 장르가 1960년대까지 전후 시대 문학으로 꽃을 피웠다. 중국 전선에서 5년 6개월간 하급 병사로 복무했던 육체문학 작가 다무라는『춘부전』에서 조선인 위안부와 일본군 하급 병사의 사랑과 죽음을 그렸다. 일본 작가의 보이지 않는 민족 차별과 남성성이라는 젠더, 대중문화에서의 성 소비 양태를 드러내는『춘부전』은 미 연합사령부로부터 공표 불가 판정을 받았으나 수정을 거쳐 발간되기에 이른다.

『춘부전』은 1950년 〈새벽의 탈출〉이라는 영화로 나와 상업적으로 성공을 거두었다. 1960년대에는 〈일본춘가고〉, 〈피와 모래〉 등의 영화가 조선인 위안부의 실상을 보여주었다. 다무라는 소설「메뚜기」를 발표하기도 했다. 이 작품은 지뢰를 밟고 부상당한 조선인 위안부 히로코를 폐품처럼 버리는 참혹한 현실과 식민지 여성에 대한 성적 폭력성을 그려내고 있다.

1964년 이토 게이이치는 소설「황토의 꽃 한 송이」에서 종군 간호사를 '백의의 천사'라고 표현하듯 위안부를 '맨살의 천사'로 표현했다. 그는 소설에서 "그녀들이 외형적으로는 매우 헌신적이었다 해도 일본 병사와의 사랑 때문에 죽거나 하는 사례는 거의 없었다. 그녀들의 마음속 깊은 곳에는 본능적으로, 무의식적으로 일본에 대한 증오와 저항이 있었다"라고 썼다.

패전 직후부터 1960년대까지 일본 문화는 조선인 위안부를 미화하거나 왜곡했다. 중일전쟁이나 태평양전쟁의 부유물일 뿐이었다. 전쟁에 짓밟힌 여성의 성이나 가부장 사회의 폭력과 지배라는 젠더 문제라는 시각은 없었다. 오히려 제국주의 폭력 안에 은폐되어 있는 젠더 폭력을 남녀 간의 사랑으로 미화할 뿐이었다. 여성의 성은 남성의 성적 대상이 될 뿐이기에 여성의 신체는 남성의 소유였다. 은폐된 종속 관계를 사랑과 연애로 미화하는 인식 구조가 밑바닥에 깔려 있다.

당시 일본 문화는 여성을 남성의 성적 대상으로 보는 남성 일방의 시선과 욕망이 전쟁과 혼재된 양상으로 문학과 미디어에 스며들었다. 조선이라는 식민지 여성을 전쟁의 군수품으로, 집단 강간을 통해 탈취하는 전리품으로 간주하고, 천황을 위해 제국의 남자가 되어 영예로운 전쟁에서 영예로운 죽음을 맞는 것이다.

욕망과 사랑으로 위장된 문화 행태는 전쟁 세대와 남성 주체 사회의 한계를 여실히 드러낸다. 그렇기에 소설이나 영화 등 일본 문화에 등장하는 조선인 위안부는 그 실체가 없는 가공 인물일 수밖에 없으며 그 실상은 계속 은폐된 채로 유영한다. 은폐된 진실은 결국 1973년 센다 가코가 쓴 『목소리 없는 여성 8만 명의 고발-종군위안부』에서 처음으로 폭로된다.

일본은 없다

　1994년 『일본은 없다』가 국내에서 출간되며 크게 화제를 모았다. 당시 위안부 문제가 서서히 관심을 끌던 시기였기에 전여옥 작가의 일본 문명 비평은 세목을 끌었다. 전여옥 작가는 KBS 동경 특파원으로 근무한 실제 경험을 바탕으로 책을 썼다. 동경 특파원 생활 2년 6개월 동안 그녀는 일본에서 위안부 문제를 살펴볼 수 있었다. 30대 여성의 눈으로 본 위안부 문제의 실상은 충격이었을 것이다. 전여옥 작가는 4장 제노사이드에서 자신의 눈으로 본 위안부와 위안부 문제를 피력하고 있다. 전여옥 작가는 다음과 같이 술회했다.

　"나는 잘 울지 않는다. 그러나 내가 한 번도 아니고 두 번이나, 그것도 펑펑 울어버린 일이 있다. 바로 위안부들의 재판과 공청회 자리에서였다. 종군위안부들의 첫 공판이 열리던 날 도쿄 지방법원에

갔다. 중일전쟁, 태평양전쟁 시 강제로 전쟁터로 끌려간 종군위안부, 일본에 대한 사죄와 배상을 요구하는 재판을 지켜보며 세 할머니의 처절한 사연을 들을 수 있었다. 그 끔찍한 얘기를 들으며 인간이 얼마나 피폐하고 타락할 수 있는지를 보았다. 나는 서러움과 분노가 북받쳐 올랐다. 끝도 없이 눈물을 흘리고 있었다. …… 또 한 번 주체할 수 없는 눈물은 일본군 위안부들의 체험을 증언한 자리에서였다. 아시아 각국 종군위안부들의 증언이 끝났을 때 나는 커다란 강당을 메우고 있는 일본인, 일본 남성들에게 태어나서 처음으로 살의를 느꼈다."

전여옥 작가는 일본인들의 비윤리성과 비역사성에서 참을 수 없을 만큼 힘든 분노를 드러낸다. 인류 사상 위안부를 끌고 다니며 전쟁을 벌인 나라는 일본밖에 없다. 조직적으로 여성을 유린한 나라는 일본밖에 없다. 종군위안부로 끌려갔던 어느 할머니의 절규처럼 "돈이 아니라 나의 열일곱 살 청춘을 돌려달라"는 말도, "당신들 일본인들의 딸들을, 동생들을 돈 받고 종군위안부 노릇을 시키겠나"는 피맺힌 외침도 그들은 계속 외면한다.

종군위안부 문제의 해결을 위해 힘쓰고 있는 일본 인권 변호사 다카키 켄이치는 종군위안부 문제는 일본 제국주의가 행한 집단 강간이라며 비난했다. 종군위안부 문제는 일본과 한국 여성뿐만 아니라 필리핀, 태국, 베트남, 네덜란드 여성들까지 동원되었기에 모든 여성들의 문제로 확장된다. 인류사에 도사리고 있는, 남성으로 대표되는 거대한 폭력과 여성으로 대표되는 피해자의 이야기이자, 강자와 약자의 이야기가 가장 잘 집약된 형태이자, 인류 최대의 치욕사라고 전여옥 작가는 말한다.

전여옥 작가는 우리는 일본을 곧 따라잡을 수 있다고, 우리가 일본을 배우려 해서는 절대 안 된다고 주장한다. 일본을 배우거나 흉내 내지 말고 우리의 활발한 기질과 창의성을 살려 조립 공장 같은 일본을 따라 잡아야 한다고 역설한다. 우리가 청산되지 않은 일본의 만행을 덮어둔다면 그것은 역사에 대한 죄악이라고, 우리를 위안부 피해자와 같이 인식하고 고통의 역사를 남기고 제대로 자리매김하는 것이 한국인의 의무라고 외쳤다. 그녀는 일본에서 2년 반이란 시간을 보낸 후 절대로 일본을 배워서도 일본처럼 되어서도 안 된다고 강변했다.

전여옥 작가는 오페라를 무척 좋아하지만 〈나비 부인〉만은 절대 보지 않는다고 했다. 그 이유는 바람둥이 미군 장교에게 농락당하고 버림받는 어린 기생 쵸쵸상은 동양인에 대한 서양인의 멸시를 여성의 몸에 각인시키는 이야기의 수동적 대상일 뿐 그 이상도 그 이하도 아니다. 〈나비 부인〉이나 영화 〈사요나라〉에서 미군의 등을 밀어주고 입안의 혀처럼 구는 혐오스럽기까지 한 작품들을 보면 시대상을 보여준다는 명목하에 굴욕적이다. 시모다항 이야기 『구로후네(黒船)』, 19세기 개항 시대를 다룬 『오기치 이야기』도 그렇다. 불과 열다섯 살도 안 된 오기치가 할아버지뻘인 서양인 선장의 현지처 비슷한 여인이 되었다가 그가 떠나자 자살해버리는 가엾은 일본 여자의 이야기가 시대상을 담아냈다고 할 수 있을까? 전여옥 작가는 당시 젊은 여성으로서 이러한 스토리를 용납할 수가 없었을 것이다.

종군위안부 문제를 다루는 방식과 재일동포들에 대한 차별 등 일본의 행태를 목도하며 전여옥 작가는 일본에서 한국인으로 다시 태어날 수 있었다고 고백한다. 그녀는 오기에 찬 한국인이 바로 나 자신이기 때문이라고 말하고 있다.

아베이즘

　일본은 전쟁을 일으킨 엄연한 가해자임에도 희생자 코스프레를 한다. 전쟁 범죄의 원흉이면서 원폭 피해 운운하며 전쟁의 희생자로 둔갑한다. 나치가 자신들을 피해자로 규정하면서 역사를 왜곡한 전례와 같이 자신들을 정당화하는 근거로 삼는다. 실제 피해를 겪었던 경험과 증언보다 우선하는 역사적 사실은 없다. 역사를 자국 중심의 논리와 해석으로 쓰여진 역사는 왜곡으로부터 자유로울 수 없고 위험하다. 국가주의가 만들어내는 역사는 더 위험하다. 자신들 역사의 정당화 논리로 활용하기 때문이다. 아베 수상을 비롯하여 일부 일본 정치가들은 역사를 자신의 정권을 정당화하는 도구로 활용했다. 진실은 역사를 쓰는 사람의 편향된 시각과 역사를 정당화 논리로 활용하려는 국가에 의해 묻히기 마련이다. 따라서 경험과 증언이 역사적 진실에 더 가까울 수 있다.

역사적 사실을 부정하고 자기 정당화에만 급급한 일본 우익의 신국가주의가 일본을 뿌리 깊게 지배하고 있다. 이들은 위안부에 대한 증언과 증거를 인정하지 않는다. 문서 중심의 실증주의를 앞세워 위안부 강제 구인에 대한 직접적인 증거가 없다며 범죄를 부인한다. 전쟁의 가해자라는 부담에서 벗어나고자 확증 편향의 심리적 자아의식을 발동하여 자신들의 생존 논리로 삼는다.

아베는 일본군이 위안부에 관여했다는 공식 문서가 없다며 일본군 위안부를 부정하는 일본 우익의 선봉장이다. 아베의 발언은 개인적 생각이 아니라 일본에 뿌리 깊게 잠재된 배타적인 희생자 민족주의의 전형성을 드러낸다. 위안부 희생자를 두 번 죽이는 증거부정론은 협의의 혐의 또는 광의의 증거로서 실증적인 혐의를 지우려 한다. 희생자와 가해자라는 이분법으로 역사 현실의 복잡성을 설명할 수 없다 하더라도, 일본 국민이 받았던 피해도 적지 않았다는 이유로 가해의 역사를 피해의 역사로 치환하려 하는 파렴치는 나가도 한참 나간 것이다. 일본 국민의 피해조차도 일본 군부가 저지른 만행이 아닌가.

일본은 아직도 제2차 세계대전과 중일전쟁, 태평양전쟁의 주동자인 정치가와 장군들을 야스쿠니 신사에 합사하여 추모하고 있다. 야스쿠니 신사로 상징되는 전쟁 영웅 담론에서 전쟁의 희생자들인 여성, 노인, 어린이, 노동자는 소거된다. 그들에게 야스쿠니 신사는 역사를 은폐하는 상징적인 공간이다.

남성 영웅 서사에 여성 희생자들과 약자의 존재는 지워진다. 일본 국민들도 히로시마와 나가사키 원폭으로 기억에 영원히 지울 수 없는 혹독한 전쟁의 피해를 경험했다. 평범한 일본인들도 전쟁의 광기가 몰아쳐 가족이 전장으로 몰린 희생자들이었기에 가해자라기보다는 피해자 인식이 깔려 있다. 집단적으로 당한 거대한 비극은 타인의 아픔에 공감하지 못하고 미처 가해의 역사로까지 눈을 돌리지 못한다. 세계 유일의 원폭 피해국이라는 민족의 비극에만 천착하는 이러한 희생자 특권주의는 아베이즘을 굳건히 뒷받침하고 있다.

일본의 이런 행태와 나란히 우리나라에서 제작된 소녀상은 국내외에서 지속적으로 세워지고 있다. 전쟁에서의 여성 인권의 의미를 묻는 소녀상과 기림비는 누가 더 큰 희생자인지를 드러내는 민족주의 경쟁처럼 번져나갔다. 양 극단으로 치닫는 적대 프레임 속에 가해자에 대한 용서와 피해자에 대한 사죄는 실현되지 못한다. 가해자와 피해자의 팽팽한 대결 구도 속에 평화는 오지 못한다.

전후 일본 국민의 집단의식은 전쟁이 가져온 비극마저도 집단의 비극적 경험이라는 인식을 형성해 일본 군부 지도자에게 전쟁의 책임으로부터 면제부를 주었다. 일본의 집단주의는 일본 민족을 단죄하는 모든 행위에 저항 기제를 작동시켰다. 여기에 자신들이 태어나기 전에 벌어진 선조들의 전쟁 범죄에 대해 책임지라는 비난에 저항하는 일본 신세대들도 포함된다. 악행을 가하거나 당한 기억은 이중적이다. 팽팽하게 대립하는 이중적 기억은 정의를 실현하는 방향이 아닌 극렬한 반일 감정으로, 혐한 감정으로 번져나가고 있다. 일본은 자학적 역사관, 즉 식민 지배와 전쟁에 대한 죄의식에서 탈피해 보통 국가, 강한 국가로 나아가야 한다는 주장으로 이어지고 있다. 온 산을 다 태우고서야 후회하게 될 평화헌법개정 등의 문제를 진화할 수 있는 대책이 필요할 뿐이다. 비틀어진 역사의 최종 목표는 가해자가 먼저 진정한 회개를 통해 피해자에 대한 용서를 구하는 것, 즉 가해자와 피해자의 진정한 화해다.

전쟁과 악행으로 훼손된 역사를 회복할 방법은 악행의 역사를 기록하고 잊지 않는 것이다. 악행을 지우려 하거나 상대에게 잊으라고 요구해서는 답을 찾기 어렵다. 화해의 첫걸음으로 홀로코스트를 화해로 이어간 '스톡홀름 선언'처럼 강한 일본이라는 신국가주의 아베이즘에서 벗어나 인권의 존엄성을 기리는 '도쿄여성인권선언'을 공표하고 진정한 선진국으로서 일본을 재정립해야 한다.

분쟁, 일본이 더 키웠다

　일본군 위안부 문제는 한일 문제이기 이전부터 일본 보수와 진보 진영의 대립이었다. 일본 제국주의에 대한 반성 촉구와 역사 인식에 대한 그들 간의 논쟁에서 비롯되었다. 곧 위안부 문제를 부정하는 자들과 인정하는 자들 사이에 갈등은 지속되었다. 일본 진보 단체들은 한국의 위안부 지원 조직과 연대하여 미국과 유럽, 유엔 등 외부로 나가 일본에 역사적 반성을 촉구하며 여성운동 차원으로 끌어올렸다. 일본 진보 진영은 일본 내에서 해결되지 않는 종군위안부 문제를 한국이나 동남아, 네덜란드와 소통하면서 자국의 문제를 해결하려 하였다.

　이런 노력 덕분에 위안부 문제는 곧 전시 여성 성폭력으로 부각되면서 전 세계 페미니스트, 인권운동가, 인권단체의 연대를 이끌어냈다. 1996년 유엔 여성 성폭력 특별보좌관 쿠마라스와미의 유엔인권위원회 보고서 채택, 1998년 유엔의 맥두걸 보고서, 2000년 여성국제전범법정, 2007년 미하원 위안부 결의 등 캐나다, 오스트리아, 유럽연합에서 결의가 이루어지는 데 성과를 냈다.

일본 내에서도 일본 제국의 주장을 그대로 답습하는 일본 우익에 대한 비판이 거세지고, 일본 진보 언론과 단체들이 위안부 보상에 대한 일본 정부의 수동적 태도를 비난하자, 한국의 위안부 지원 단체들도 힘을 얻어 목소리를 높여갔다.

위안부 문제가 전후 50년이 넘어서야 일본에서 가시화된 것은 전후 일본이 새롭게 나아가기 위해서는 천황제 폐지 등 여러 사회 현안들의 개혁이 필요하다는 인식이 있었기 때문이다. 일본 진보 단체는 아시아평화국민기금도 전쟁 책임을 회피하려는 제스처이며, 민간 단체로 위장된 정부의 반성 없는 기금이라며 반대했다. 일본 정부가 내세우는 도의적 책임은 법적 책임을 회피하기 위한 수단에 불과하고 민간 모금 형식의 위로금은 국가의 사죄로 인정할 수 없다는 논리였다.

일본 보수 우익들은 현실 정치에 대응하기 위해 일본 교육법, 기미가요(국가), 자위대, 미·일 안보 문제에서 자신들의 시각으로 위안부 문제를 다뤘다. 더 나아가 일본 진보들의 위안부 지원 운동은 단순한 여성 인권 차원을 넘어 일본 국가 체제를 위협하는 준동이라고 날을 세웠다. 그러면서 1997년 새로운 교과서 만들기 모임을 만들어 증오에 가까운 혐한, 공격적 극우 세력의 결집을 이루어내고, 이런 흐름은 일반 시민들의 여론을 모으는 데 성공했다.

2015년 8월 '전후 70년 아베 담화'는 전후 체제로부터의 탈각과 역사수정주의의 기치 아래, 일제 식민 지배 및 침략 전쟁의 책임을 부정하고 일본군 위안부 문제 해결을 회피했다.

일본에서 위안부 문제는 일본 내 역사 인식 논쟁으로 불거지면서 더욱 해결하기 어려운 국면으로 빠져들었다. 일본의 보수와 진보의 갈등은 한일 갈등을 넘어 한국에서도 좌파와 우파의 갈등으로 점차 비화되었다. 위안부 문제는 그 본질적 인식과 해결을 열외로 한 채 한일 간 갈등, 일본 내 좌우 대립, 국내 좌우 대립으로 번지면서 더욱 더 해결하기 어려운 양상으로 가고 있다.

내셔널 리비도

철없는 중학생이 평화의 소녀상을 껴안고 있는 사진이 SNS에 올라오면서 한때 해프닝이 일어났다. 시민과 위안부 운동가들은 개념 없는 학생의 일탈이라며, 학교 교육의 문제를 성토했다. 철없는 청년들이 평화의 소녀상을 성적 대상화하는 언행으로 비난을 받은 일도 있었다. 여성의 비극을 섹슈얼리티로 바라보는 남성의 시선은 위안부 문제를 가장 고통스럽게 만든다. 더불어 전쟁터에서 짓밟힌 여성들의 역사적 진실에 접근할 수 없게 한다.

일본은 자신들의 범죄를 성토 당할 때면 한국군이 베트남 전쟁에서 광범하게 자행한 베트남 여성에 대한 성적 수탈을 들먹인다. 전쟁 상황에서는 남자들이 똑같이 행동한다는 논리로 자신들의 행위를 정당화하려는 것이다. 반성 없는 자세는 문제를 희화하며 은폐하기 마련이다.

다무라 다이지로가 쓴 『춘부전』에도 이런 의식이 드러난다. 일본 병사에 대한 조선인 위안부의 사랑을 미화하며 "조선 낭자군에 대한 눈물이 날 것 같은 모정" 운운하며 판타지적인 묘사를 이어간다. 그의 또 다른 작품 『메뚜기』에서도 "남자들은 모두 다 짐승이야. 그 짓만 하려는 것뿐이야" 같은 묘사로 여성의 성이 남성들에 의해 소비되는 방식을 다루는 데 그친다.

이러한 지엽적인 인식은 박유하 교수의 글에도 드러난다. "조선인 위안부와 일본 병사 사이가 동지적 관계도 일부 있었다. 일본군 병사에게 연정을 느낀 위안부도 있었다. 그런 기억이 그녀들에게는 소중했다"라고 기술하고 있다. 이 대목은 상당한 비판을 받았다. 전쟁터에서 집단 강간을 당하는 여성을 놓고 제3자들은 으레 다양한 상상력을 펼친다. 그러한 감정도 있을 수 있다. 그러나 그러한 상황에 있지 않은 제3자가 무엇을 알 수 있겠는가. 그녀들이 처했던 도저히 알 수 없을, 찾을 수도 없는, 기억하기조차 두려운 어둠의 깊이를 어떻게 말로 표현할 수 있겠는가. 일본군 위안소 설치 목적이 외형적으로는 전쟁터에서의 군인의 사기 진작, 현지인들에 대한 성폭력 방지, 성병 예방 등이라며 문제의 본질을 흐리기 일쑤이다.

위안부 문제는 정말 다루기 어렵다. 문제인식은 그 본질부터 제대로 바라보아야 사실에 근접한 답을 구할 수 있을 뿐이다. 이 모든 논란을 떠나 분명한 것은, 위안부 문제는 마초이즘을 넘어 군국주의 국가의 집단 리비도 현상이라는 것이다.

1890년대 정신분석 이론을 창시한 프로이트는 인간의 행동은 기본적으로 내면에 숨겨진 충동, 즉 무의식에 의해 추동된다고 보았다. 그 충동은 크게 두 가지다. 삶의 본능인 에로스와 죽음의 본능인 타나토스. 에로스는 자신과 타인을 사랑하고 종족을 유지하는 원천이다. 타나토스는 자신과 타인을 파괴하거나 공격하는 본능이다. 에로스를 추동하는 것이 욕망 에너지인 리비도다. 리비도는 열정과 욕망을 불러일으키는 원초적인 에너지, 즉 성적 본능이다.

　　리비도는 인간이 갖고 있는 쾌락 본능, 좁게는 섹스에 대한 욕망을 말한다. 리비도는 종의 보존을 가능하게 하는 본능으로 모정, 애정, 우정 등도 리비도의 발현이다. 프로이트는 리비도를 인간 삶의 근본 에너지라고 보았으며, 성 본능이 충족되지 못하면 파괴적 본능으로 드러난다고 했다. 남성의 리비도는 단순한 성적 쾌락만이 아닌, 삶에서 일어나는 다양한 욕망을 성취하는 행위를 통해 실현된다고 말한다. 전쟁터에서 자행되는 무자비한 폭력성도 리비도로 설명할 수 있다. 남성들은 죽음 앞에서, 적 앞에서 무시무시한 폭력성을 드러낸다. 삶을 지속시키기 위한 전략만이 필요한 전쟁터에서는 이성, 인간성, 인류애는 감정 낭비일 뿐이다. 적에 대한 무차별 살상과, 민간인 학살, 강간과 살해 등은 리비도를 실현하기 위한 것이기도 하다.

　　1991년 12월 9일 토쿄 스이도바시에 있는 YMCA아시아청소년센터 강연에서 김학순 할머니는 "난 일본 군인들의 히노마루(일본 국기)를 보는 것만으로도 온몸이 떨렸어요"라고 표현했다. 일본 국기는 일본 제국과 군인이라는 남성성, 전쟁을 상징하는 기표였다. 일본 제국주의의 목표 실현을 위해 이성 따위는 버리고 인권을 무차별하게 유린해도 된다는 기표였다. 김학순 할머니의 기억 속에 나부끼는 히노마루는 여성을 집단적으로 유린하는 일본 제국 리비도(National Libido)의 표상이었다.

2부

소녀상의 두 얼굴

수요집회 30년

1992년 1월 8일 일본 정부를 규탄하는 첫 수요집회가 일본대사관 앞에서 열렸다. 이 집회는 매년 8만여 명이 참석한다. 30년간 총 250만 명이 참가한 최장기 집회로 기네스북에도 올랐다. 집회는 정의기억연대가 주도하고 다양한 시민단체와 기업들이 지원하는 방식으로 진행된다.

수요집회는 한국인 위안부 피해자와 시민단체, 일반 시민들이 모여 일본군 성노예 진상 규명과 문제 해결을 촉구하는 목소리를 냈다. 위안부 운동의 지속성과 여성 연대의 힘을 보여준 보기 드문 사례로 알려진다. 그러나 이념적 지향과 진영 논리의 교육장이며 성역화된 작은 성지라는 비판도 있다.

2019년 12월 4일에 열린 1416회 수요집회는 주식회사 마리몬드의 주관으로 열렸다. 당시 정의기억연대 윤미향 대표의 경과보고는 위안부 운동이 처한 현실을 잘 보여준다.

"…… 수요일은 평화였다. 그런데 이곳에서 수요 시위를 반대하고 소녀상을 반대하고 정의기억연대 활동을 중단하라는 집회, 기자회견이 열리고 있다. 가해자는 반성하지 않는데, 사죄하려고도 하지 않는데, 가해자는 지난 30년 동안 만들어왔던 평화와 정의의 역사를 지우려 하고 있는데 우리는 우리끼리 갈등하고 욕하고 싸우고 있다.

세계 곳곳에서 전쟁이 계속되고 있고, 그 전쟁 중 성폭력 피해 여성들에게도 평화가 있고 지지자가 있고 우리가 함께하고 있다는 것을 알려주었으면 좋겠다는 김복동 할머니의 뜻에 따라 나비기금이 콩고로 이라크로 코소보로 날아가기 시작했다. 그 누구의 지지도 받지 못했던 여성들에게 희망이 만들어지고 있다. 그 뜻을 따라 우간다 피해 여성 생존자들을 지원하기 위한 우간다 김복동 센터를 짓기 위해 갔다. 그런데 우간다 센터를 본격적으로 건립하기 시작하자 일본 정부가 우간다 정부를 압박했다. 우간다에 평화의 소녀상을 세우고 저들이 일본군 위안부 문제, 한일 간 분쟁을 우간다에까지 가져오려고 한다고 압박했다. 우리가 원하는 것은 분쟁이 아니라 분쟁을 멈추고 분쟁 위에 평화를 만드는 것이다. 그런데 우리가 분쟁을 일으키는 것처럼 호도하고 폄훼했다. 그러면서 우간다 정부가 생존자를 겁박했다. 김복동 센터 착공식을 위해 가 있는 현장에서 우간다 정부가 생존자에게 '우리가 너를 죽일 수도 있다'고 협박했다. 2019

년 일본 정부가 깡패와 같은 짓을 하고 있다. 돈으로 안 될 곳이 없다는 것을 그들이 보여주고 있다. 물론 우리는 생존자를 보호할 것이다. 세계 어느 곳곳에서도, 어느 누구도 생존자를 위협하는 일이 없도록 할 것이다. 혹시 우리 활동으로 생존자들이 위협을 받으면 우리는 다른 길을 선택할 것이다. 이제 우리는 우간다가 아닌 세계 곳곳에 김복동 센터를 세우는 일을 시작해 갈 것이다.

…… 지난 30년 동안 이곳 평화로에서 나비가 되어주셨던 분들, '내가 김복동이다', '내가 김순덕이다', '내가 길원옥이다'라고 외치는 수많은 생존자들, 아직도 전쟁터에서 살아 돌아오지 못하고 실종자로 처리되어 있는 여성들의 삶을 내가 기억하겠다는 약속, 그 여성들의 삶을 내 삶으로 살아내야겠다는 다짐으로 새롭게 출발할 것이다. 가해자들에게 포기하지 않으면 이긴다는 걸 보여줄 것이다. 피해자 중심주의에 입각해서 일본 정부가 피해자들에게 사죄하고 배상할 것, 한국 정부는 피해자 중심주의에 입각해서 피해자들의 인권 회복에 앞장서 줄 것을 요구한다. 국제 사회도 피해자들의 인권 회복에 앞장설 수 있도록 노력하라."

2020년 6월 24일 1445회차 비 내리는 수요집회에서 평화나비네트워크 소속 20여 명의 대학생들이 소녀상과 함께 온몸을 밧줄로 묶고 밤새 농성을 했다. 보수단체 자유연대는 먼저 집회 신고를 하고서 정의기억연대 전 대표 윤미향 의원의 사퇴와 정의기억연대 해산을 요구했다. 서로의 주장만이 난무하는 현장이었다. 끝나지 않은 이념 대결, 한국 역사의 현장이 아직도 그 자리에 있었다. 수요시위는 강인한 한국 여성들의 투쟁 현장으로 30년의 세월 동안 지속되어 왔다.

2021년 7월 14일에 1500회 수요집회가 열렸다. 이날에는 "반일 행동·매국적 한일 합의 파기, 전쟁 범죄 사죄, 민족 반역 무리 청산"이라고 쓰인 플래카드가 걸렸다. 나눔의 집 이옥순 할머니와 이용수 할머니의 메시지가 영상으로 전달되고, 1995년부터 참여한 문춘하 렌나 수녀의 자유 발언이 이어졌다. 문춘하 수녀는 평화운동 메시지가 갈등이 되어 돌아오는 현실을 안타까워했다.

민족문제연구소, 스프링세계시민연대의 활동가 등 14개국 1560여 명이 영상을 통해 참여했다. 연대의 힘은 바위처럼 강하다, 평화적 활동을 멈추지 않겠다, 참여하여 싸우자, Me Too에 With You로 응답하자는 메시지로 화답했다. 정의기억연대 이나영 이사장은 성명서를 통해 세상에서 가장 오래된 시위, 세상에서 가장 슬픈 시위, 세상에서 가장 자랑스러운 시위라며 소통과 연대로 여성 인권과 생명에 대한 폭력과 차별, 그리고 일본 군국주의와 남성 중심의 세상을 극복해 나아가자고 말했다.

소녀상의 탄생

2011년 12월 14일 1000회 수요집회에 평화의 소녀상이 세워졌다. 단발머리를 하고 의자에 앉은 채 두 주먹을 불끈 쥔 맨발의 조선 소녀. 소녀의 눈은 일본대사관을 향하고 있다.

위안부의 고통을 표현한 이 역사적 조형물은 여느 조형물과는 의미가 다르다. 중일전쟁과 태평양전쟁의 비극을 몸으로 감내해야 했던 한국인 위안부의 상처와 아직도 해결하지 못한 과거사 청산을 의제화하고 있다. 위안부의 실체를 부정하는 일본에 대항해 묵시적으로 존재를 증명하는 것이다.

소녀상이 등장하기 이전 2007년 5월 26일 경남 하동군 평사리 공원에 일본군 위안부 정서운 할머니를 추모하는 평화의 탑이 국내 최초로 세워졌다. 그 후 소녀상과 함께 평화비, 기림비의 형태로 다양한 기념비가 세워졌다. 지금까지 국내외에 200여 개 소녀상이 세워졌고, 위안부를 기리는 기림비도 많이 세워졌다.

1000회 집회에서는 소녀상을 제작한 부부 조각가 김은성, 김서경 씨가 참석했다. 김은성 씨는 2002년 주한 미군 장갑차에 희생된 미선·효순 10주기 추모 조형물인 '소녀의 꿈'을 제작하기도 했다. 2017년 용산역 광장에 있는 강제징용 노동자상도 제작한 것으로 알려진다.

평화의 소녀상은 위안부 할머니들의 어린 시절을 표현했다. 동상 바닥은 질곡의 세월만큼 깊은 주름을 남긴 할머니의 모습을 그림자로 형상화했다. 꽃다운 소녀와 스러져 가는 할머니의 모습을 함께 배치한 것이다.

평화의 소녀상은 시민들에게 큰 관심을 받았다. 일본대사관 앞 수요집회가 열리는 곳에서 동상은 공간성과 역사성을 지니며 시대의 문제를 상징적으로 드러내고 있다. 가장 순수하고 평범한 모습이지만 그 의미는 단순하지 않다. 소외와 억압의 역사, 가부장의 억압에 묶여 살아온 한국 여성들의 수난사를 비춘다. 소녀상은 공공미술로서 한국은 물론 국제 사회에서 일본군 위안부의 실상과 역사를 기억하는 상징으로 자리하고 있다.

평화의 소녀상이 탄생하게 된 계기는 1991년 8월 14일 고 김학순 할머니가 일본군 위안부 피해 사실을 처음으로 증언한 것이라고 봐야 할 것이다. 할머니는 일본 정부가 군 위안부 문제에 일본군이 개입하지 않았다고 발뺌하자 증언하기로 결심했다. 일본군 위안부라는

과거 때문에 손가락질을 받으며 사회와 정부의 무관심 속에 고통스러운 세월을 보냈지만 일본군의 만행을 폭로하기로 결심한 것이다.

김학순 할머니의 증언 이후 국내외 피해자들의 증언이 계속 터져나왔고, 피해의 실체가 위안부 운동으로 점차 확산되었다. 이러한 일본군 위안부 운동으로부터 평화의 소녀상이 탄생한 것이다. 평화의 소녀상은 일본군 위안부 피해자의 모습을 연상케 하면서 우리에게 위안부 문제를 현재로 소환한다. 불규칙하게 잘린 단발머리는 부모와 고향으로부터의 단절을 의미하며, 발꿈치가 들린 맨발은 결코 정착하지 못하는 피해자들의 방황을 상징한다. 소녀의 왼쪽 어깨에는 새가 앉아 있다. 세상을 떠난 피해자들과 현실을 이어주는 매개다. 소녀상 옆의 빈 의자는 세상을 떠났거나 세상에 드러나지 않은 모든 피해자를 위한 자리이며, 우리들의 자리일 수도 있다.

소녀상 바닥의 그림자는 현존하는 할머니들의 고통을 말하고 있다. 해방 이후에도 사회적 편견과 무관심 속에 버려진 할머니들은 소녀에서 할머니가 되기까지 긴 시간 동안 복권을 기다리며 우리 사회의 그림자로 살아왔다. 가슴에 자리한 한 마리 나비는 돌아가신 할머니들의 영혼이 해방을 꿈꾸며 날갯짓하는 모습을 떠올리게 한다.

소녀상은 세워지는 지역에 따라 소소하게 변주되고 있다. 서초고등학교에 세운 소녀상에는 가슴에 무궁화, 두 손에는 태극기를 들고 있다. 마포구에 있는 전쟁과여성인권박물관 소녀상은 위안부 피해자 김복동, 길원옥 할머니의 모습을 바탕으로 제작했다. 금천구청 앞 광장에 세운 소녀상은 왼손에는 상처받은 과거인 번데기를 들고,

오른손에는 미래를 뜻하는 나비를 날리고 있다. 은평평화공원에 있는 소녀상은 뻗은 팔 위로 새가 날아오르고 있다. 분단된 한반도의 평화를 염원하는 마음을 표현한 것이다.

소녀상 설치 운동은 순조롭지만은 않았다. 소녀상이 확산하면서 자칫 소녀상 건립이 위안부 운동의 중심이 되고 있다는 비판과 소녀상의 정치화, 신격화라는 목소리도 터져나왔다. 더 나아가 '반일 증오의 상징' '한일 외교 갈등의 상징'이라며 설치를 중단하라는 주장도 있다.

한일 갈등의 불씨

2011년 1월 정대협의 수요집회 1000회를 기념하여 소녀상이 세워지자 일본 정부는 즉각 반발했다. 일본과의 협의나 허가 없이 소녀상을 설치하는 건 비엔나 협약 위반이라며 날을 세웠다.

소녀상 문제는 한일 외교 현안으로 떠올랐다. 일본군 위안부 제도의 진상 규명과 피해자에 대한 일본 정부의 사과 및 배상을 촉구하는 위안부 상징물로서의 설치 확산으로 나아갔다. 소녀상으로 상징되는 스토리는 한국과 일본, 국제 사회를 효과적으로 설득했다. 소녀상이 인권 운동으로 확산되자 일본은 위안부 소녀상을 불편해하며 설치를 반대했고, 국제 사회는 일본의 움직임을 비판했다. 외교 영역에서 소녀상은 또 하나의 의제로 떠올라 일본과의 협상 국면을 변화시켰다. 일본은 위안부 문제 해결 협상 조건의 하나로 소녀상

이전과 철거를 요구해왔다. 소녀상이 일본 국민 감정을 자극한다는 이유에서였다. 소녀상으로 인한 외교적 마찰은 한일 위안부 전쟁 전선이 해외로 확대되면서 또다시 새로운 분쟁의 불씨가 되었다.

갈등의 불씨를 남긴 채 소녀상은 국내를 넘어 해외에 속속 세워졌다. 소녀상과 위안부 기림비를 최초로 세운 나라는 미국이다. 2010년 10월 미국 뉴저지의 펠리세리즈파크 공립도서관 옆에는 시민참여센터가 세운 기림비가 있다. 이후 뉴욕주 롱아일랜드 낫소카운티 아이젠하워공원 베테랑스 메모리얼, 뉴저지주 버캔카운티 메모리얼 아일랜드, 샌프란시스코의 세인트메리스 스퀘어파크에도 기림비가 세워졌다. 15개의 소녀상과 기림비가 미국에 세워졌다.

소녀상은 2013년 미국 캘리포니아 글렌데일을 시작으로 캐나다와 호주, 중국, 독일 등으로 퍼져나갔다. 글렌데일에 세워지기 전부터 시에서는 소녀상 설치에 관한 공청회를 열고 시민들의 의견을 수렴했다. 이때 재미 일본인들의 조직적인 방해가 있었다. 그러나 당시 플랭크 퀸테로 시장의 도움으로 소녀상을 세울 수 있었다. 두 번째 설치 도시는 미국 미시간주 디트로이트에 있는 한인문화회관 앞이었다. 원래 디트로이트시 공원에 세우기로 시와 합의하였으나 일본 정부의 집요한 방해로 무산되고 자리를 변경했다. 이후에도 시립공원과 미시간 홀로코스트박물관에 소녀상을 세우자는 움직임도 있었지만 실패로 돌아갔다.

세 번째 평화의 소녀상은 2019년 11월 18일 캐나다 토론토의 한인회관 앞에 세워졌다. 경기도 화성시 시민들이 성금 8천여만 원을 모아주었다. 처음에 화성시는 2014년 10월 자매 도시인 캐나다 버나비시와 양해 각서까지 체결하고 건립을 추진했지만 버나비시에 사는 일본인들의 반대로 와해되었다. 토론토 한인회는 3·1운동 당시 화성시 제암리에서 벌어진 일제의 민간인 학살의 참상을 전 세계에 알린 스코필드 박사 동상 제막식에서 이런 사정을 알게 되면서 소녀상 건립에 적극적으로 나서 주었다.

네 번째 설치 장소는 2016년 6월 30일 미국 조지아주 부룩헤이븐 시립공원에 세워졌다. 미국 남부에 세워진 첫 소녀상이었다. 건립되기까지 일본 스노즈카 총영사와 일본 기업들의 방해 공작은 집요했다. 일본인들은 예술 조형물이 아니라 증오의 상징물이라며 설치를 비난했다.

다섯 번째 소녀상은 2017년 8월 6일 오스트레일리아 시드니 애시필드 교외에 세워졌다. 호주에서도 일본의 노골적인 방해 공작이 있어서 교민들이 장소를 찾아가기 힘든 장소에 세울 수 있었다. 일본은 의회와 현지 언론, 정치권을 상대로 조직적인 로비를 통해 소녀상 건립 저지 활동을 펼쳤다.

여섯 번째 소녀상은 2016년 10월 22일 중국 상하이 사범대학에 세워졌다. 중국에 처음 세워진 소녀상이다. 화성시 평화의 소녀상 건립추진위원회가 시민 모금 3천여만 원을 마련하여 조성했다. 평화의 소녀상 중국 개막식에는 이용수 할머니와 중국의 천리엔춘 할머니가 참석했다. 중국의 소녀상은 한국과 중국 두 나라 전통 의상을 입은 소녀가 의자에 나란히 앉아 있다.

일곱 번째 소녀상은 2016년 12월 미국 워싱턴에 도착했지만 한동안 설치할 장소를 찾지 못해 전전하다가 3년 만에 워싱턴 인근 한인사회 중심인 버지니아주 애넌데일에 보금자리를 찾았다. 미국 내에서만 다섯 번째 소녀상이었다. 워싱턴 도심이 물망에 올랐지만 일본 정부의 집요한 방해로 번번이 무산되자 한인 교포가 자신의 건물 앞에 장소를 제공해주었다.

여덟 번째 소녀상은 2017년 3월 8일 독일 바이에른주 남부 비젠트 공원에 세워졌다. 이 공원은 세계물재단의 해리베르트 이사장이 대표로 있는 곳이다. 개막식에는 독일소녀상건립추진회와 수원시민 대표단, 독일 시민 등 100여 명과 위안부 피해자 안점순 할머니가 함께했다. 사실 수원시가 2016년 독일 프라이부르크시와 설치에 합의하였으나 일본 정부의 방해로 무산되었다.

아홉 번째 소녀상은 2017년 10월 13일 미국 뉴욕주 뉴욕한인회관 이민사 박물관 6층에, 그 이후에도 호주의 시드니와 멜버른에 건립되었다. 멜버른의 소녀상은 지난 2015년 한일 위안부 합의에 화가 난 한인단체들이 평화의 소녀상 건립위원회를 설립하여 기금을 마련해 설치했다.

화성시 시민단체들이 소녀상 해외 건립에 가장 많이 기여했다. 캐나다 토론토, 중국 상하이의 소녀상 건립을 위해 소녀상 제작과 배송에 필요한 비용을 화성 시민단체들이 마련해주었다.

열두 번째 소녀상은 2020년 3월 8일 세계 여성의 날에 맞춰 독일 헤센주 프랑크푸르트의 라인마인 한인교회 앞에, 열세 번째는 2020

년 9월 28일 독일 베를린 미테구 거리에 설치되었다. 베를린의 소녀상은 시 당국이 일 년간 한시적으로 세울 수 있음을 허가했다. 일본의 설치 방해로 철거 명령을 내렸다가 또 반발이 거세지자 법원의 판단이 나올 때까지 일단 보류하기로 한 것이다.

해외 소녀상 건립은 일본의 방해 공작으로 수난이 끊이지 않았다. 일본 외교부는 재외공관 등을 통해 로비를 하거나 언론, 광고 등으로 소녀상 설치를 방해하거나 막았다. 설치 장소가 바뀌는 우여곡절을 겪거나 설치가 좌절되기도 했다.

미국 LA 인근 글렌데일 소녀상은 낙서와 배설물 투척 등 오물 테러가 수차례 발생했다. 샌프란시스코 세인트메리스 스퀘어파크에 세워진 위안부 기림비 김학순 할머니 동상은 페인트칠로 훼손되는 일이 있었다.

2017년 12월 중국계 필리핀 사업가가 마닐라베이 산책로에 세운 소녀상도 4개월 만에 사라졌다. 일본 정부가 철거를 요구했기 때문이다. 2018년 12월 필리핀 파나이섬 키티클란에 세운 소녀상은 이틀 만에 철거되었다. 이 소녀상은 필리핀 인권운동가 넬라이 산초가 필리핀 위안부 여성을 모델로 제작한 것이다. 자신이 소유한 주차장에 세워 괜찮을 거라고 했지만 일본의 압력으로 무산되었다.

중국 정부는 2016년 상하이에 설치된 소녀상에 대해 일본 정부가 유감을 표하자, 역사의 책임으로부터 회피하는 일본의 태도를 비판했다. 그러면서 도쿄 한복판에 일본군 위안부 동상을 세울 것을 제안했다. 그렇게 한다면 과거사에 대한 부담을 덜 뿐 아니라 아시아 이웃 국가의 이해를 얻을 수 있을 것이라고 주장했다.

공공예술에 붙은 저작권

조각상 〈피에타〉는 바티칸 베드로 성당 안에 5백년 이상 있었다. 십자가에 못 박혀 죽은 예수의 시신을 끌어안고 비통해하는 성모 마리아를 형상화했다. '피에타'는 '자비를 베푸소서'라는 뜻으로 유럽에서는 오랫동안 기독교 예술의 주제였다.

〈피에타〉와 대비되는 조각상이 또 있다. 반전 평화주의자로 유명한 예술가 케테 콜비츠의 〈죽은 아들을 안은 어머니〉다. 콜비츠는 제1차 세계대전에서 아들을 잃은 절망을 작품에 담았다. 아들을 전쟁터에 보낸 후 회한과 고통의 나날을 보낸 그녀는 전쟁의 참담함과 광기를 많은 작품에 표현했다.

작품에서 느껴지는 감정은 슬픔과 비탄이다. 거기엔 생명에의 존중, 폭력으로부터의 해방, 여성의 고통 등 많은 울림이 있다. 예술에 스며 있는 정신은 사람들의 내면에 오래도록 영향을 미친다. 그래서 의미가 커진다. 여성의 고통을 담아냈다는 점에서 평화의 소녀상의 의미도 남다르지 않다.

평화의 소녀상은 피해자의 모습을 어린 소녀로 형상화한 청동 조각상이다. 1920년에서 1940년에 살았던 조선 소녀들의 외모를 하고 위안부 피해자들의 인권 회복, 평화를 상징하는 메시지를 담고 있다.

소녀상은 일본대사관 앞에 처음 세워진 후 200여 점이 전국에 세워졌다. 소녀상의 가격은 수천만 원으로 그동안 수백억 원이 들었을 것이다. 설치 비용은 국민 세금을 포함해 기업과 시민들의 모금으로 충당되었다.

조각상의 비용 때문에 유사한 소녀상을 만들어 세운 것도 있고, 원작자인 김 작가 측에서 저작권을 주장하면서 제작을 불허한 사례도 있다. 2013년 서초고등학교에서 단발머리 소녀상을 제작했는데 김 작가 측이 저작권 위반을 주장해 기존 소녀상을 폐기하고 머리 형태를 바꾸어 새로운 소녀상을 제작했다.

태백 지역에서도 태백위안부소녀상 추진위원회가 소녀상을 제작하여 2020년 5월 개막식을 가질 예정이었으나 개막식 직전 김 작가 측이 저작권 위반이라며 불허했다. 이로 인해 소녀상은 한동안 태백문화예술회관 앞에 흉물처럼 방치되었다. 이처럼 일본군 위안부 운동을 확산하려고 주민 기금으로 마련한 소녀상은 원작자의 불허로 인해 여러 곳에서 설치될 수 없었다.

양측의 주장이 엇갈리는 형국이다. 같은 소녀상이라도 제작 방법과 표현 방법, 표현 대상이 조금 다르기에 저작권 위반이 아니라는 주장과 기존 소녀상과 유사한 소녀상은 저작권 침해라는 원작자의 주장이 대립하고 있다. 원작자는 소녀상이 공공예술이라 할지라도 창작자의 권리를 훼손해서는 안 된다고 주장하고 있고, 지역 작가는 단발머리와 저고리는 일제 강점기에 일반적으로 볼 수 있었던 이미지라며 표절 주장을 일축한다.

평화의 메시지를 전하는 위안부 소녀상이 이렇듯 표절과 특허 논란 속에 의미가 훼손되는 현실이 안타깝다. 이러한 현실 속에서 지자체, 시민단체, 학교마다 경쟁적으로, 일부 정치 집단의 죽창 대용으로 세우는 일본군 위안부 소녀상의 난립은 자제되어야 한다. 오히려 공공예술로서의 소녀상의 가치가 훼손되는 일을 막고 긍정적인 효과보다 부정적인 인식 확산을 경계해야 한다.

소녀상이 울며 서 있다

소녀상은 전 세계에 여성 인권을 상징하는 성노예상으로 자리 잡았다. 국내에서는 반일의 상징으로, 세계적으로는 평화와 정의의 징표로 의미 지어졌다. 하지만 소녀상 설치로 인해 일본은 가해자로, 한국은 피해자로 나뉘면서 충돌하는 국면을 낳았다.

소녀상은 반전, 반일이라는 역사적 의미가 담긴 예술품이라는 점에서 권위를 획득했다. 인간 존엄과 여성 인권의 상징이라는 면에서도 의미를 부여받았다. 그렇기에 소녀상을 부정하거나 폄훼하는 목소리나 행위는 쉽게 비판을 받거나 응징의 대상이 되기도 한다.

소녀상을 바라보는 국내외의 시선은 다양하다. 그래서 아전인수 격으로 자신들 세력을 위한 수단이나 도구로 이용되기도 한다. 소녀상이 상품화하면서 특허와 소유권 분쟁도 벌어졌다.

가장 큰 문제는 소녀상에서 역사나 의미를 소거하고 바라본다는 점이다. 생각 없는 범부들은 위안부를 팔려간 매춘부쯤으로 보고 성적 대상으로 희화화한다. 군인을 상대로 하루 수십 회의 성관계가 가능하냐는 식의 저질적 호기심의 대상이 되기도 한다. 위안부 피해자 입장에서는 결코 기억하고 싶지 않은 자신의 과거를 들추는 것에 극단적 거부감을 보이며 수치심을 갖기 쉽다. 위안부 피해자의 부정적 인식이 결코 위안부 문제 해결에 도움이 되지 않는다는 자각은 할머니들에게 용기 있는 증언으로 이어져 소녀상 건립이 이루어졌다.

그러나 소녀상에 대해 역사적으로나 교육적으로 아이들에게 정확히 설명해줄 수 있는 사람이 얼마나 될지 의문스러운 것이 사실이다. 우리 할머니들이 전쟁터에 끌려가 성노예가 되었다는 정도의 설명으로는 미진하다. 반전, 반제국주의, 반인권의 관점에서 체계적으로 가르치기란 쉽지 않다.

그래도 사회운동가와 시민단체, 정치인들은 소녀상 건립을 통해 각자의 목적에 부합하는 의미와 가치를 설명한다.

일본군 위안부 문제가 다뤄야 할 본질적 의제는 한일 문제를 넘어 전시 여성 폭력, 즉 인권 회복이다. 세계 인권단체가 위안부 문제에 동참하는 이유는 아직도 빈번히 발생하고 있는 여성에 대한 전시 폭력이 더 이상 있어서는 안 된다는 인식이다. 전쟁 중 여성에 대한 성폭력은 범죄이며 법적 처벌이 이루어져야 한다는 강력한 의지를 갖고 책임자 처벌, 사죄와 피해 보상, 재발 방지를 위해 한국 위안부 운동에 동참한다.

하지만 한국에서는 이러한 이념적 대상화를 탐탁지 않게 보는 이들도 있다. 그래서 이념적 대상화를 정의기억연대가 독점한다며 반기를 든다. 소녀상에 반대하는 자는 비판받거나 단죄되는 분위기다.

위안부 운동은 이제 피해 할머니들의 인권 신장에서 더 나아가 여성운동가들의 활동이 우선시되고, 일제의 전시 성폭력 문제를 넘어 전 세계 모든 여성에 대한 반인권적 폭력을 반대하는 차원으로 확산되었다. 위안부 운동을 전 세계로 확산하고 소녀상이 전 세계에서 건립되는 것도 이러한 여성운동 차원에서 필요한 행보다. 하지만 일본 압제에 대한 한풀이로 재현되거나 반일 정서를 정치적으로 이용해서는 안 된다. 일본과 일본 국민의 국제적 망신 주기나 민족적 저항으로 비춰져서도 안 된다. 국가를 잃게 한 정치지도자, 국민, 가부장, 남성(군인)들은 부끄러운 역사의 상징인 위안부 소녀상이 국내를 넘어 해외 여러 곳에서 방치된 채 울고 있게 해서는 안 된다.

페미니즘 시선으로 본 소녀상

　소녀상을 바라보는 시선 차이는 한일 대립이 아니라도 존재한다. 건립 주체, 추진 단체마다 설치 목적과 지향이 다르다. 이러한 다양한 시선 가운데 페미니즘 운동도 자리한다. 가부장 사회와 남성 중심의 역사에 반대하는 페미니즘이 전시 성폭력의 문제에 천착하는 것은 당연한 이치다. 여성 성폭력은 남성 국가주의가 일으키는 문제이기 때문이다.

　한국 사회는 여필종부(女必從夫)와 같은 조선의 유교 사상이 오랫동안 지배해왔다. 한국 페미니즘은 한국의 가부장 문화를 떠받치고 있는 유교 사상이 여성 억압과 차별 기제로 작동해왔음을 직시한다. 광범위하게 퍼져 있는 성차별적이고 남성 중심적 문화의 근간에 유교 사상이 있기 때문이다. 남성의 시각과 기준으로 구조화된 정치,

경제, 사회, 문화적 환경에서 차별받고 억압받아온 여성의 사회적 지위를 회복하자는 것이 페미니즘의 목표다.

따라서 페미니즘은 위안부 문제를 단순히 일본 군국주의가 낳은 문제로 보지 않는다. 페미니즘 입장에서 싸움의 상대는 직접적인 상대인 일본이지만, 시야를 더 확장하면 성을 대상화하여 성폭력을 자행하는 남성과 남성 중심 문화가 그 근간에 있다. 여기서 한국 남성들이 불편해하는 시각이 존재한다. 어느 시대, 어느 전쟁에도 남성의 건장한 육체와 목숨을 담보로 한 전쟁 자체가 비이성적 행위이므로 젠더 갈등의 씨앗으로 자랄 수밖에 없다. 보스니아 전쟁에서의 세르비아 여성에 대한 군인들의 성폭행, 르완다·콩고 내전의 수십만 여성에게 자행된 성폭행, 10년 월남전에서의 성폭행 등 마초이즘은 페미니즘을 잉태한다. 월남 참전 군인들은 그들의 영웅적 전투를 기억하고 기념하고 싶어 참전 기념비를 세우려 하지만 위안부 운동 단체의 시선은 곱지 않은 것이 사실이다. 윤미향 전 대표가 초등학생들을 향해 '베트남' 하면 생각나는 게 무었이냐고 묻자 '쌀국수'라는 대답이 나오자, 그녀는 베트남 전쟁으로 성폭력 피해를 입은 여성들을 생각해야 한다고 말했다.

한국 남성에게 일본군 위안부 문제는 기억하고 싶지 않은, 그렇다고 쉽게 잊기도 어려운 콤플렉스다. 한국 남성들은 위안부 문제를 강제징용과 같은 식민지 수탈로만 바라보지 못한다. 여기서 단순히 전시 성폭력 문제로 협소하게 바라보는 경우 문제인식은 약화된다. 내 나라 여성을 보호하지 못했다는 남성적 자존심, 민족적 자존심을 주

장하는 시각도 있다. 아무튼 대부분의 한국 남성들이 위안부 문제에 집단적 목소리를 내거나 수요집회에 나서지 않는 이유가 존재한다.

소수의 목소리로 존재했던 페미니스트들은 이제 시대가 바뀌면서 당당하게 이야기할 수 있는 환경에서 운동할 수 있게 되었다. 여성 차별적 언어가 용납되지 않는 분위기가 만들어졌다. 여성 차별, 여성 비하에 대한 여성들의 반응이 자칫 여성 혐오로도 이어지긴 하지만, 페미니즘이 사회운동으로 폭넓게 받아들여지면서 이제 더 이상 여성이 약자인 시대는 지나갔다.

이제 15세기 스페인 소설가 몬탈보가 쓴 소설 속의 여전사 캘리포니아가 지배하는 세상, 황금과 진주로 뒤덮인 무릉도원, 여성을 겁탈하는 남성이 없는 세상, 여성들만의 유토피아 세상이 앞으로는 올지도 모른다. 한국이나 일본을 지배했던 과거의 가부장적 위계질서에 따른 남성우월주의와 특권은 점차 사라지고 있다. 여성의 성을 대상화하는 질서에 저항하는 소녀상은 이제 페미니즘 운동과 궤를 같이하며 추진되고 있다.

혐오와 수치심이라는 낙인

2019년 7월 위안부 할머니들을 참담하게 하는 일이 있었다. 20~30대 젊은 남성들이 안산 상록수역 광장 소녀상에 침을 뱉으며 엉덩이를 흔드는 모욕적인 행위를 했다. 4명 모두 한국인이었다. 일제 강점기를 겪어보지도 못했을 젊은이에게 당하는 모욕감과 서글픔은 위안부 할머니들에게 크고 무거운 것이었다.

그들은 별 의미와 의도는 없는 행동이었다고 변명했다. 나눔의 집을 찾아가 무릎을 꿇고 머리를 조아리며 할머니들에게 사과했다. 할머니들은 그들의 행동을 꾸짖고 용서했다. 하지만 이들은 소녀상이 언제부터 성역이 되었는지 모르겠다며 불만을 표했다.

이용수 할머니는 "그 사람들은 대한민국 사람들 아니냐? 조선 때는 친일파를 일본 앞잡이라고 했다. 이제 그들이 일본 앞잡이 노릇을 그대로 하고 있다"며 분개했다. 국내 일부 유튜버들은 위안부 피해자를 비난하는 영상물까지 올린다. 소녀상에 대한 모욕은 다양한 형태로 끊임없이 일어나고 있다. 위안부 할머니들은 "우리가 살아 있어도 위안부 피해자들을 부정하고 왜곡하는데 우리가 죽으면 어떻게 될지 걱정만 앞선다"고 말한다. 위안부 운동가들은 소녀상 훼손은 단순한 동상 훼손이 아닌, 위안부 할머니들을 모독하는 거라며 강력히 처벌할 것을 주장한다.

1945년 8월 일본이 항복을 선언하며 우리나라에서 일제 강점기는 끝났다. 우리는 정말 독립을 맞은 걸까? 스즈키 노부유키 일본 국민당 대표는 2012년 6월 말뚝 하나를 들고 일본대사관 앞 소녀상을 찾았다. 그는 "독도는 일본 영토다. 일본은 위안부 강제연행을 한 적이 없다"고 주장했다. 마포에 있는 전쟁과여성인권박물관 앞에도 같은 말뚝을 박았다.

2016년 12월 28일 한일 위안부 합의가 이루어진 지 1년이 되는 날, 부산 동구 초량동 일본영사관 앞에서도 위안부 소녀상 설치를 막으려는 시민들 때문에 충돌이 있었다. 2020년 5월에는 서울 동작구 흑석역에 있는 소녀상을 돌로 가격한 30대 남성이 체포되었다. 소녀상에 낡은 자전거를 묶어두거나 페인트칠을 하거나, 쓰레기를 버리는 사람도 있었다. 대구에서는 소녀상에 입맞춤을 하고 돌을 던지고 얼굴에 낙서까지 하는 일도 벌어졌다.

2020년 정의기억연대 윤미향 대표와 이용수 할머니의 갈등 이후 충남 서산에서는 소녀상에 수갑을 채우는 해프닝이 벌어졌고, 서울 강동구청 소녀상에서는 일제 패딩을 입히는 사건이 있었다. 화해와 치유를 위한 동상이 갈등과 반목을 낳고 있다. 일본군 위안부 소녀상을 바라보는 시선이 혐오와 수치심에 기반하고 있기 때문이다. 거기에는 위안부는 매춘이나 성적 거래라는 설익은 인식이 저변에 깔려 있다. 이렇듯 소녀상에 대한 반목과 갈등은 쉽게 그칠 것 같지 않다

박유하 교수는 『제국의 위안부』에서 위안부를 '매춘'으로 표현했다는 시민단체의 고발을 받아 명예훼손 혐의로 유죄 판결을 받았다. 박 교수는 일본이 자발적인 매춘부라 칭한 것을 인용했을 뿐 위안부 강제연행을 부정하지 않았다고 반박했다. 위안부 피해자 사례를 설명하는 과정에서 나온 용어라고 주장했으나 그녀의 견해를 국내외 위안부 운동가와 일부 학자들은 조목조목 비판하고 있다.

낙성대연구소의 경제학 박사들은 우리가 익히 알고 있는 역사적 사실과 다른 주장을 펼친다. 이들이 쓴 책 『반일 종족주의』의 서문에는 "거짓말하는 사회나 국가는 망하기 마련인 것이 역사의 법칙"이라고 적혀 있다. 자신들의 연구는 매국이 아니라 애국이라 했다. "친일파라고 말하건 신친일파라고 말하건 상관없다. 중요한 것은 장기적이고 근본적인 우리나라의 국익"이라 했다. 그들의 주장에 따르면 일본 정부에 의한 직접적인 위안부 납치는 없었고, 조선인 중개업자에 의한 취업 사기나 인신매매 등 여성의 의사에 반한 위안부 모집이 많았다고 밝혔다. 결국 일본의 직접적 책임은 없다는 주장이다. 또한 한일청구권협정으로 인해 위안부 피해자는 일본에게 받을 것이 없고, 오히려 한국 정부에 보상받아야 한다는 입장을 내

세운다. 그러면서 위안부 운동 단체가 위안부 피해자들의 보상보다 반일 민족주의를 조장하는 것에 더 열중하고 있다고 비판한다.

일본에서 오랫동안 위안부 문제에 대해 연구하며 목소리를 내고 있는 요시카와 하루코 전 참의원은 "조선반도 여성들은 강제연행하거나 속여서 끌고 간 게 대부분이다. 그들을 성노예로 삼은 일은 있어서는 안 되는 일이었다. 피해자의 나이, 직업과 상관없이 전쟁에서 벌어지는 성폭력과 착취가 정당화되어서는 안 된다"라고 말했다.

이렇듯 난무하는 주장들 속에서 우리는 어떤 시각으로 문제를 바라보아야 할까? 어느 입장에 서서 위안부 할머니를 도와야 할까? 우리에게는 이렇듯 난제와 숙제가 놓여 있다.

세금으로 충당되는 비용

　소녀상 설치에는 관리 문제가 뒤따른다. 관리를 하려면 국민 세금이 들어간다.

　2020년 부산시 동구가 일본군 위안부 피해자 기림일인 8월 14일을 맞아 소녀상의 점용 허가를 승인했다. 2016년 부산 일본영사관 앞 인도에 설치한 소녀상이 그동안 불법으로 서 있었지만 4년 만에 합법화되었다. 부산시는 2017년에 일본군 위안부 피해자 지원 및 기념사업에 관한 조례를 제정하고, 2021년에는 관리 계획을 수립했다. 부산시와 부산 동구는 실무 행정을 맡아 민간 지킴이단을 발족해서, CCTV를 설치하고 훼손을 막으며 상시 감시한다. 주변 환경도 정비하게 된다.

　경기도 양주시도 2018년 옥정중앙공원 안에 있는 소녀상의 훼손

방지를 위해 CCTV 24시간 감시를 개시했다. 다른 지역 소녀상에 수갑과 팻말을 올려놓고 돌로 얼굴을 찍는 등 훼손 사례가 발생했기 때문이다. 양주의 소녀상은 건립준비위원회의 노력과 2천여 명의 시민이 1억 8천여만 원을 모금해 만들었다. 양주시 통합관제센터는 관내 4천여 개의 CCTV와 AI 기반의 스마트 선별관제시스템을 갖추고 있어 모니터링 및 순찰 환경이 우수하다.

2020년 5월 28일 서울 동작구의회는 흑석동 환경 공무원 휴게실에서 흑석동의 소녀상을 지킨 환경 공무원에게 표창장을 수여했다. 소녀상을 훼손하고 있던 남성을 제지해 지켜냈기 때문이다. 공무원은 이 과정에서 폭행을 당하기도 했다.

전북 장수군 평화의 소녀상이 2020년 8월 21일에 세워졌다. 장수 한누리전당 소공연장 입구에 설치된 소녀상은 군민들이 6천여만 원의 기금을 모아 건립한 것이다. 개막식에는 초등학생들과 군내 어르신들이 참석하여 헌화하고 추모 행사를 가졌다.

전북 완주에서도 군민의 의지를 모은 평화의 소녀상이 2020년 8월 14일 세워졌다. 완주 평화의 소녀상은 삼례 책마을에 조성되었다. 개인과 단체가 기부한 6500여만 원이 소녀상 제작과 CCTV 설치, 주변 환경 정비, 소녀상 관련 행사, 백서 제작 등의 비용으로 사용되었다.

경남 산청에도 2020년 8월 15일에 소녀상이 세워졌다. 고향 산청에 살다 돌아가신 위안부 피해자 김옥순 할머니와 김우명달 할머니를 기리기 위해서다. 소녀상 좌대에는 철쭉꽃과 철조망이 새겨져 있다. 이데올로기 대립의 종식과 평화를 염원하는 의미다.

강원도 정선 아라리촌 광장에도 광복 75주년인 2020년 8월 15일 정선 평화의 소녀상이 세워졌다. 대부분 소녀상은 동으로 제작되는데 정선 소녀상의 특징은 흑을 소재로 테라코타 방식으로 제작했다. 군민과 단체가 총 3400여만 원을 모금하여 건립된 것이다.

충남 청양군에도 평화의 소녀상이 건립되었다. 평화의 소녀상 설립추진위원회는 광복 75주년을 맞아 2020년 8월 14일 청양초등학교 사거리 소공원에서 평화의 소녀상 개막식을 가졌다. 도내에서 11번째로 세워진 소녀상이다. 청양초등학교 인근에 설립한 것은 미래 세대를 위한 교육 현장으로 활용하기 위해서다. 하지만 건립을 반대하는 사람들과의 이념 논쟁과 견해 차이 등 복잡한 문제가 있었다.

대전 동구 인동에도 제75주년 광복절인 2020년 8월 15일에 평화의 소녀상과 강제징용 노동자상이 세워졌다. 서구 둔산동 보라매공원에 세워진 이후 대전에서 두 번째다. 시민 3천여 명이 모은 기금 7300만 원으로 세워졌다.

충남 금산군은 2021년 3·1절에 충·효·예공원에서 평화의 소녀상과 강제징용 노동자상을 세우고 제막식을 가졌다. 건립추진위원회는 5700여만 원의 후원금을 모아 동상을 제작했다.

전북 군산 동국사의 평화의 소녀상은 지난 2015년 8월 광복 70주년을 맞아 일제 수탈의 현장인 군산에 세워졌다. 시민과 단체가 5천만 원을 모아 이루어졌다. 군산시는 일본군 위안부 피해자 기념사업 지원 및 평화의 소녀상 보호 관리에 대한 조례를 만들었다.

경남 남해군 숙이공원에 세워진 위안부 기림 평화의 소녀상은 남해 출신 위안부 박숙이 할머니를 기리는 곳으로 양손 가득 동백꽃을 안고 한없이 먼 곳을 바라보는 모습이다. 동백꽃은 박숙이 할머니가 좋아했던 꽃으로 일본의 사죄를 바라고 평화를 염원하는 할머니의 마음을 담고 있다.

전국 각지에 만들어진 소녀상 대부분은 시민과 학생 모금으로 세워졌다. 그 다음은 지자체의 관리가 이어져야 한다. 관리에는 인적 자원과 비용이 든다. 이런 이유로 세금을 활용하고 소녀상 관리 책임을 지정할 수 있도록 소녀상을 공공조형물로 지정해야 한다는 목소리도 나온다. 그럴 경우 지방의회에서 조례를 만들어 체계적으로 관리할 수 있다. 현재 소녀상 200여 개 가운데 수십 개 정도만이 공공조형물로 허가되어 있다. 진보 운동 단체를 중심으로 소녀상을 공공조형물로 지정하자는 서명 캠페인이 진행 중이지만 관리에 따르는 예산과 인력 문제를 해결해야 하기에 단번에 결정할 수는 없다. 그러나 지속적으로 소녀상이 지자체마다 건립될 경우 타 지역과의 형평을 고려하여 국민 세금이 투입되지 않을 수 없을 것이다.

이 시점에서 우리는 소녀상을 언제까지, 얼마만큼 세워야 할지 고민해 보아야 한다. 건립의 근거가 애국심이든, 반일운동이든, 여성 인권운동의 일환이든 누구를 위해, 무엇을 위해 존재해야 하는지 근본적인 성찰이 필요하다. 막대한 개인 기금과 국민 세금을 들이는 만큼 소녀상 건립에 대한 목표와 취지를 다시 세우는 공론의 답이 있어야 한다.

학교에 간 소녀상

도심의 한 모퉁이에 소녀상이 있다. 하얀 털모자와 붉은색 목도리가 감겨 있고 발아래에는 시들어버린 꽃다발이 어지러이 뒹굴고 있다. 빈 의자에 앉아 사진 찍는 사람도 있다. 길 가던 작은 강아지가 와서는 뒷다리를 들고 오줌을 눈다. 행인들은 무심히 지나친다. 소녀상의 존재를 모르는 하굣길의 아이들도 그냥 스쳐 지나갈 뿐이다.

다른 소녀상은 비바람과 도시의 공해에 찌들어 더럽혀져 있거나 새똥을 뒤집어써서 보기에도 안타깝다. 눈비가 오거나 바람이 몹시 불 때 외로이 앉아 있는 소녀상은 애처로워 보인다.

2015년 학생의 날인 11월 3일에 정동 프란치스코 교회 회관 앞에 평화의 소녀상이 세워졌다. 전국 55개 고등학교 1만 6천여 명의 학생들이 힘을 모은 결과였다. 서울 이화여고 역사동아리 주먹도끼가

'대한민국 100개의 고등학교에 100개의 소녀상'을 제안하면서 건립 운동은 빠르게 확산되었다.

원주 팔렬고등학교는 2016년 11월 17일 강원도에서 최초로 소녀상을 설치했다. 100개였던 건립 목표는 239개로 늘어났다. 팔렬고등학교 학생들은 텃밭에서 수확한 가지고추를 팔고 축제에서 음식을 팔아 얻은 수익금을 소녀상 건립에 사용했다. 학생들은 수요집회에도 여러 번 참석하고 다른 고등학교가 소녀상을 건립할 수 있도록 모금운동을 도왔다. 2016년 6월 경기 용인시 태성고등학교도 소녀상을 세웠다.

하지만 소녀상 건립 후인 2015년 12월 28일 한일 정부 간 위안부 합의가 이루어진 후 학생들은 더 많은 사람들에게 위안부 문제를 알릴 방법을 고민했다. 처음에는 목표로 한 100개에서 10개를 고등학교에 세우자는 목표를 세웠다. 학생들은 소녀상 건립 운동을 설명하는 편지를 수도권 전체 고등학교인 887곳에 보냈다. 일본군 위안부 이야기는 학생들에게 충격으로 다가왔고 인권 문제로 접근하며 더욱 확산되었다. 일부 학교 측에선 정치적으로 예민한 상황이라 조심스러워했지만 진보 성향의 교사들이 중심이 되어 중학교에서 초등학교까지 반일, 여성 인권 차원으로 학생들의 참여를 이끌었다.

충북 보은정보고등학교 학생들은 4점의 위안부 소녀상 벽화를 완성하여 학교 내에 전시했다. 거기에는 이런 글귀를 달았다. "빈 의자는 과거, 현재, 미래의 자리입니다. 첫 번째는 먼저 떠나가신 할머니들이 함께하시길 바라는 마음, 두 번째는 빈 의자에 나란히 앉아 어릴 적 소녀의 심정을 생각해보는 시간"을 갖자는 의미이다.

2020년 8월 14일 광주 성덕고등학교는 '일본군 위안부 피해자 기림의 날'을 맞아 포스터 전시회를 열고 종이 소녀상 만들기, 피해자 할머니께 위로의 편지 쓰기, 평화의 작은 소녀상 주변에 화초 심기 등 행사를 진행했다. 학생들은 지난 2016년 광주 최초로 작은 평화의 소녀상을 교정에 세운 바 있다. 충남 천안 오성고등학교도 2020년 8월 14일 교내 현관에 평화의 소녀상 제막식을 열었다. 2021년 4월 평택 현화고등학교에도 작은 소녀상이 세워졌다.

이렇게 지난 2015년부터 2022년까지 학생들은 모금을 통해 238개의 작은 소녀상을 학교에 세웠다.

소녀상, 많이 세울수록 좋은가

경기도 안성시에는 3개의 소녀상이 있다. 2018년 3월 석정동 대해홀광장에 세운 소녀상은 안성 시민 모금으로 건립되었다. 대리석으로 만든 소녀상도 있다. 2014년 5월과 6월에 각각 미리네 실버타운과 성 베드로의 집 앞에 동양평화소녀상이 설치되었다. 이 소녀상은 위안부 여성들의 삶을 기리며 한·중·일 3국의 평화를 기원하는 의미를 담고 있다.

여주시 소녀상은 2000년 8월 7일 여주 세종로 한글시장 입구에 설치되었다. 여주 시민단체가 4900만 원을 모금하여 이루어졌다. 16세 나이에 끌려가 싱가포르와 미얀마 등에서 많은 고초를 겪었던 일본군 위안부 피해자 이용녀 할머니의 소녀상이다. 안산에서는 2020년 8월 14일 위안부 피해자 기림일을 맞이하여 두 번째 평화의 소녀상이 세워졌다. 시민들의 성금으로 제작된 첫 번째 소녀상은 안산시 상록수역에 2016년 8월 15일 세워졌다.

하남시는 2019년 8월 14일 일본군 위안부 피해자 기림일을 맞아 하남시 국제자매도시 공원에 소녀상을 건립했다. 시민 모금으로 이루어졌으며 하남시에 기증되어 공공조형물로 관리하고 있다.

인천은 서구 평화의 소녀상 건립추진위가 결성되어 2020년 3월에 27개 시민단체가 창립식을 열고 소녀상 건립 기금을 모금했다. 이후 첫 번째 소녀상은 일제가 군수품을 생산했던 미쓰비시 공장 부지인 부평공원에 건립되었다. 두 번째 건립 장소는 사람들이 많이 찾는 청라호수공원으로 정했으나 주민들과 인천경제자유구역청에서 거절해 서구청 앞 마실거리에 세워졌다. 처음에는 인근 주민과 상인들이 반대하여 건립이 좌절될 뻔했다. 주민들의 동의가 중요하고 설치 장소도 취지에 맞아야 하는데, 추진위가 일방적으로 건립을 진행했고, 또 음식점 거리라는 것도 소녀상에 걸맞은 장소가 아니라는 의견이었다. 야간 취객들이 많아 관리가 어렵다는 지적도 많았다. 하지만 결국 소녀상이 세워질 수 있었다.

2010년 6월 강북구청 앞에 설치된 소녀상은 불법 점유로 고발되었다. 강북구청은 2016년 소녀상 설치를 허가하고 부지 확보와 관리에 개입한 것으로 알려졌고, 강북경찰서는 강북구청을 상대로 조사를 진행했다. 도로 위에는 가로등과 전신주 같은 공공시설만 설치할 수 있기에 조형물은 불가하다는 게 이유였다.

광화문 거리의 이순신 동상과 남산의 김구 동상처럼 소녀상은 대

접받지 못하고 있다. 무관심과 훼손으로 얼룩져 있다. 소녀상을 바라보고 있으면, 자랑스러운 역사는 돌에 새기고 가슴 아픈 역사는 가슴에 새기라는 말이 떠오른다. 소녀상은 그 역사적 의미에도 불구하고 많은 논란과 설치의 문제를 낳고 있다. 그 본질을 보면 해방 후 분열된 대한민국을 그대로 반영하는 듯하다. 청산되지 못한 역사가 우리의 발목을 잡고 있는 것이다. 역사를 되돌아보며 소녀상의 의미를 묻는다. 대한민국의 미래를 위해.

소녀상의 위치와 공간의 상징성

　평화의 소녀상은 예술적 소통을 넘어 공간과 장소가 얼마나 큰 결정적 역할을 하는지, 그 상징성을 보여준다. 서울 종로 도심의 구 주한 일본대사관을 응시하고 있는 소녀상을 두고 하는 말이다. 30년 동안 1500회가 넘는 수요집회의 공간이라는 장소성이 있기 때문이다.

　서울의 배꼽이라 할 수 있는 남산에도 소녀상 등 위안부 기림 공간이 있다. 남산은 1994년 서울 정도 600주년을 기념하여 남산 제 모습 가꾸기 사업을 시작했다. 보수와 진보 성향의 여러 서울시장을 거치면서 그들의 치적을 드러내는 공간들이 여러 모습으로 들어서 있다. 남산 곳곳엔 다양한 기념비와 동상이 있다. 일본군 위안부 군상, 국치의 길, 기억의 터, 일본군 위안부 기림비 등. 일제 강점기인 1919년 3·1운동이 일어나자 그해 7월 일본 내각고시로, 일본 건국의 신 아마테라스 오미카미와 천황을 모시는 조선신궁이 서울 남산에 세워졌다. 그 후 천황제의 이데올로기를 주입하고 조선을 정신적, 종교적으로 지배하기 위해 신궁 참배를 강요했다.

해방 후 조선신궁은 해체되었고, 2019년 8월 14일 위안부 피해자 기림의 날에 조선신궁 자리에는 위안부 기림비가 세워졌다. 삼순이 계단이라 불리는 가파른 계단을 오르면 기림비를 만날 수 있다. 3·1운동 100주년을 맞이하여 샌프란시스코 교민 등 민간인들이 자발적으로 모금하여 서울시장에 기증하는 형식으로 이루어졌다고 한다.

이곳 기림비는 한국, 중국, 필리핀 소녀가 위안부 최초의 증언자 김학순 할머니를 바라보고 있는 형상이다. 한국, 중국, 필리핀과의 연대의 의미를 지닌다. 김학순 할머니의 시선은 일제의 성폭력을 잊지 않고 기억하겠다는 결기에 차 있다. 소녀들은 맨발에 흙을 딛고 서 있고 할머니는 자갈밭에 서 있다. 앉은돌 5개는 김학순 할머니가 거쳐 온 시간과 장소를 뜻하는 것으로 할머니의 출생지인 중국 지린성과 어릴 적 거주지 평양, 고통받았던 북경, 도망쳐 산 상해, 광복 후 거처인 서울을 뜻한다. 돌의 거친 표면은 고난을 헤쳐온 노정과 같다.

서울시는 남산 예장 자락에 1.7km에 이르는 국치의 길을 조성했다. 일본 제국의 역사를 기억하고 치욕과 상실을 치유하자는 취지다. 길 중간 중간에 노랑나비 그림이 보이고 위안부 소녀상, 이용수 할머니의 그림도 눈에 띈다. 기억의 터, 일본군 위안부 피해자의 고통과 삶, 그분들의 투쟁 정신을 알리고 기억하기 위한 것이다. 용기 있게 일제의 반인륜적 성폭력을 세상에 알리고 나아가 평화와 인권의 소중함을 후대에게 전한 위안부 할머니들의 정신을 기리는 공간이다.

기억의 터는 '대지의 눈', '세상의 배꼽', '기억의 터를 만든 사람들'로 구성되어 있다. 표지판에는 만든 사람들의 명단인 박원순 시장을 비롯한 윤미향, 인재근, 임수경, 이인영 등의 이름이 있다. '대지의 눈'에는 대한민국의 치욕스러운 역사를 기억하고 앞으로 이 문제를 어떻게 해결해 나가야 할지 지켜보겠다는 의지가 담겨 있다. 통곡의 벽 중앙에는 피해자 할머니들이 위안부로 끌려갈 때의 상황과 고통 등을 설명하며 인권운동, 평화운동을 펼치기까지의 이야기로 구성되어 있다. 그리고 한편에는 김순덕 할머니 그림인 〈끌려감〉과 240명의 위안부 할머니의 이름이 새겨져 있다.

'세상의 배꼽'에는 "기억하지 않는 역사는 되풀이 된다"라고 쓰여 있는 원형의 커다란 돌판이 있다. 위안부 할머니들의 정신인 평화와 인권의 소중함을 널리 알리자는 의미다. '기억의 터'에 있는 터치스크린을 누르자 신영복이 쓰고 민족문제연구소가 세웠다는 '통감관저의 터'라는 비문이 보이고, 그 옆에는 2005년 발견된 일본 식민 시대의 외교관 하야시 곤스케 공사의 비석이 거꾸로 처박혀 있다.

소녀상에 평화가 없다

'평화의 소녀상'의 영어 명칭은 'The Peace Monument'이다. 'Statue of Peace'라고도 표기한다. 왜 거기에는 소녀, girl이라는 이름이 없을까. 2010년 9월 28일 독일 베를린에 세워진 소녀상은 Fiedensstatue Trostfraun, 즉 '위안부 평화상'으로 표현하고 기념사에서 위안부를 'Maedchen und Fraun' 즉 girl and women으로 지칭했다. 정의기억연대는 'Justice for the Comfort Women'이라 표현했다. 거기에도 소녀라는 뜻은 없고, 'Solidarity with Comfortwomen in Berlin'이라고 쓰고 있다.

일본군 위안부가 최초로 등장한 일본 소설 『춘부전』에는 위안부를 '조선 낭자군'으로 표현했다. 낭자는 처녀를 의미한다. 이후 정신대, 종군위안부, 일본군 위안부를 거쳐 일본군 성노예(Japanese military sexual slavery)라는 표현이 공식화되었다. 따라서 '평화의 소녀상'의 공식 명칭은 '일본군 성노예상'이다. 위안부의 국제적 용어는 소녀가 아닌 'Comfort Women'이다. 일본군은 미성년과 성인 여성에 대한 구별 없이 여성을 착취했고, 대부분은 20세 내외였다. 그런데 위안부 여성상을 '소녀'로 상징화한 건 어감이 주는 상징성과 메시지가 더 커서일까?

명칭을 통한 개념화 작업은 신중해야 한다. 운동의 의미와 본질을 규정하기 때문이다. 일부 위안부 할머니들은 성노예라는 표현에서 거부감이 든다고 말한다. 정신적으로 고통스러운 세월을 견뎌온 할머니들에게 자신들의 삶에 성노예라는 낙인을 찍는 것은 또 다른 상처를 줄 수 있다.

'소녀'는 순수와 순결을 상징한다. 일본군들에게 성폭행 당할 이유가 전혀 없는 여리고 깨끗한 존재들. 위안부 여성이 소녀로 지칭될 때 순수함, 혹은 순결 이미지는 자발적 성매매와는 연결되지 않으며, 연애 운운하는 남성 욕망의 시선마저 지울 수 있기 때문에 유효한 전략이다. 소녀들을 강제로 성적 제물로 만든 일본이 자발적 성매매라며 가당찮은 주장을 이어갈 때 순결한 소녀상 이미지는 설득력이 있다. 특히 한국 사회에서 여성들에게 순결, 정조 관념을 강요하는 가부장적 민족주의자인 남성에게 소녀상 이미지는 효과적이다.

하지만 소녀로 지칭하는 방식은 위험할 수 있다. 소녀의 순결, 정조가 강조될 때 일반 여성의 순결과 정조는 강조되지 않아도 좋은

가. 여기에는 성적 순결에 집착하는 남성의 시선이 들어가 있다. 그래서 소녀상에는 일본 군인도, 남성도, 피해자 여성도 잘 보이지 않는다. 이런 의미를 되짚어보면 소녀상에서 평화를 느낄 수 없다. 사실 평화의 소녀상을 두고 한일 간은 물론이고 국내외에서 끊임없는 갈등이 야기되고 있다. 이제 위안부 문제는 소녀가 아닌 여성 젠더의 문제로 확장해야 할 필요가 있다. 여성 전체를 아우르는 방향이 필요한 것이다. 더욱이 일본대사관 앞 소녀상은 한일 대립의 상징이며, 다양한 이해관계자들과의 갈등 현장이다. 이 소녀상이 제자리를 찾아 평화의 소녀성이 될 날이 언제쯤일까.

소녀상을 야스쿠니 신사에

　야스쿠니 신사는 일본 국가를 위해 희생한 선조들의 영혼을 기리는 제의 공간이다. 일본에 있는 8만여 개의 신사 중 규모가 가장 크다. 1869년 메이지 유신을 위해 목숨을 바친 3500여 명의 선조들에게 합동 형식의 제사를 지내기 위해서 세워졌다. 청일전쟁, 러일전쟁, 만주사변, 태평양전쟁 등에서 희생된 군인들을 포함한 250만 명이 모셔져 있다.

　야스쿠니 신사는 1945년 이전에는 제국 군부의 신사로서 천황과 군국주의 체제 유지에 활용되었다. 전통적으로 죽은 사람은 모두 신이 된다는 종교적 관념이 더해져 야스쿠니 신사는 지금까지도 일본의 상징물로 그 명맥을 유지하고 있다. 매년 봄과 가을에 야스쿠니 신사에서는 추념 행사가 펼쳐진다.

신사에서는 일본 제국 시대의 전범들을 합사한다. 1985년 8월 15일 나카소네 총리는 종전 40주년을 맞아 처음으로 공식 참배하였으며, 2001년에는 고이즈미 총리, 2013년에는 아베 신조 총리가 공식 참배했다. 그 외 각료, 정치인들이 참배해왔다. 이런 행태에 대해 전쟁 피해국인 한국, 중국, 동남아 국가들은 군국주의 일본의 침략을 반성하기보다는 정당성을 내세운다며 비난한다.

'이겨도 국가, 져도 국가'라는 나카소네 총리의 발언처럼 전쟁의 오욕을 영광으로 호도하는 행위가 신사 참배다. 태평양전쟁 A급 전범인 도조 히데키를 비롯한 주요 전범들의 위패가 있는 야스쿠니 신사에는 전쟁터에서 희생된 조선과 대만 출신 군인도 합사되어 있다. 하지만 그들이 진정으로 반성하는 길은 야스쿠니 신사에 '평화의 소녀상'을 세우는 것이다.

1970년 빌리브란트 서독 총리는 "독일 민족의 이름으로 말로 다할 수 없는 만큼의 큰 범죄를 저질렀다"며 유대인 학살 추념비를 찾아 무릎을 꿇고 나치의 죄에 대해 용서를 구했다. 1985년 5월 8일 리하르트 폰 바이츠제커 서독 대통령은 독일 패전 40주년 연방회의에서 "죄의 유무, 남녀노소를 불문하고 우리 모두가 과거를 이어받지 않을 수 없습니다. 모두가 과거로부터의 귀결과 관련이 있으며 과거에 대한 책임을 지지 않으면 안 됩니다. 과거에 눈을 감아버리는 사람은 결국 지금도 앞을 보지 못하게 됩니다. 과거 비인도적 행위를 마음에 새기지 않는 사람은 또다시 그런 위험에 빠지기 쉽습니다"라고 말했다.

독일은 과거사를 사죄하면서 선대 전쟁 범죄자들의 역사와 후대의 역사를 명확하게 선 긋고 있다. 과거사 청산에 대한 노력을 부단히 해나가고 있는 것이다. 하지만 야스쿠니 신사 참배에서 보듯 일본은 오히려 잘못된 과거사를 이어받아 '가해의 역사'를 '피해의 역사'로 둔갑시켜 정당화하고 있다. 이들이 반인륜적 행위를 반성하려면 전쟁터에서 위안부로 희생된 영혼들에게 '기억하는 역사, 잊지 않는 역사'를 보여주는 소녀상을 세워야 한다. 진정한 사죄와 반성, 후대에 올바른 역사를 남기고자 한다면 야스쿠니 신사에 일본군 위안부 소녀상을 세우고 다음과 같이 기록해야 한다.

　"먹으로 쓴 조사는 피로 쓰인 진실을 덮을 수 없다."

해바라기의 비명(碑銘)

함형수(1914-1946)

나의 무덤 앞에는

그 차가운 빗돌을 세우지 마라

나의 무덤 주위에는

그 노란 해바라기를 심어달라

그리고 해바라기 긴 줄거리 사이로

끝없는 보리밭을 보여달라

노오란 해바라기는

늘 태양같이 태양같이 하던

화려한 나의 사랑이라고 생각하라

푸른 보리밭 사이로

하늘을 쏘는 노고지리가 있거든

아직도 날아오르는

나의 꿈이라고 생각해라

소녀상의 미래

오스카 와일드의 소설 「행복한 왕자」에는 다음과 같은 이야기가 나온다.

어느 도시 한가운데에 행복한 왕자 동상이 있다. 씩씩하고 멋진 모습으로 광장 한복판에 우뚝 서 있다. 겨울이 왔다. 제비 한 마리가 동상 주위에서 추위를 피하려다가 울고 있는 왕자를 발견했다. 왕자는 가난한 나라에서 비참하게 살아가는 백성이 불쌍하다고 말했다. 왕자는 제비에게 부탁했다. 처음에는 칼자루의 루비를, 나중에는 사파이어로 만든 왕자의 눈을, 마지막에는 왕자의 몸을 덮고 있던 금박을 하나씩 벗겨 가난한 이들에게 나누어주라고 전했다. 그러자 왕자의 동상은 점차 흉한 모습으로 변했다. 권력 있는 정치가들은 왕자의 흉한 동상을 폐기해 버렸다.

소녀상에 대해 이런 저런 생각을 하다 보니 오스카 와일드의 소설이 떠올랐다. 훌륭한 지도자는 죽어서도 백성들을 위해 자신의 모든 것을 던진다. 오스카 와일드의 소설이 말하고자 하는 레토릭은 예술은 오직 예술적 가치만을 위해 자신을 던져야 한다는 것이었을지도 모른다. 예술은 대상을 향해 대상화를 경계하고 순수하게 예술을 추구해야 한다는 것이다.

소녀상에 담겨야 할 가치는 무엇일까?

사람을 사람으로 보지(존중하지) 않는 것, 자기 목적을 위한 수단으로 취급하는 것, 자기 욕망의 도구로 삼는 것, 약탈하거나 과도하게 숭배하는 것, 이 모든 것이 대상화다. 흔히 권력 관계에서 대상화의 욕망이 드러난다. 어느 쪽도 대상화의 희생양이 되지 않을 때 그 가치를 인정받을 수 있다.

왕자 동상은 백성들에게 섬김을 강요하는 대상화다. 멋들어진 동상들이 그렇듯 위엄과 권위로 무장하고 윤리적 교리나 계급의식을 드러낸다. 흔히 사회 지도자나 고위 정치가들은 자신들이 옹호해야 할 가치나 계급의식을 드러내기 위한 도구로 모든 걸 대상화하기 마련이다. 그러나 효용성이 없어지면 쉬이 폐기 처분해버린다.

소녀상도 대상화한 예술 작품이다. 위안부 피해자를 한복 입은 소녀라는 단일한 이미지로 치환한 것은 과연 어떤 의미를 가질 수 있을까? 소녀상은 일제에 의해 성적 대상이 된 부조리를 고발하고 있다. 한편으론 반일운동의 도구로서 대상화되었다. 그것은 위안부 피해 여성들에 의해서가 아니라 위안부 운동 단체에 의한 이념의 대상화다.

예술은 도덕적이거나 아름답거나 유용한 무엇인가가 아니라 대상화를 무화시킴으로써 참다운 가치를 얻는다. 대상을 취하되 대상화를 스스로 거부함으로써 참된 의미를 획득하는 것이다.

소녀상은 반일 대상화의 상징으로 소비되고 있는 듯히다. 위안부 피해자는 스스로의 언어로 타자에 의한 대상화에서 벗어나야 하지만 현실적으로 불가능해 보인다. 소녀상에 갇히기를 거부하는 여성들은 그들의 언어를, 그들의 과거를 전유하려는 자들 때문에 소녀상에 갇혀버렸다. 백년이 천년이 지나도 소녀상의 가치가 남아 있을 것인가? 그렇다면 세계 여성인권운동의 상징으로 그대로 남아 있을 것이다. 미켈란젤로의 작품 '피에타'는 아닐지라도 예술적 가치를 인정받는 작품으로 남을 수 있을 것이다.

3부

잊을 수 없는,
지울 수 없는 역사

아베의 위험한 인식

1992년 1월 11일 요시미 요시아키 교수가 방위청 도서관에서 일본군 위안소에 군부가 관여했다는 자료를 발견했다. 이 자료는 군위안부 강제연행을 뒷받침하는 증거가 되어 위안부 문제가 사실상 일시적이거나 우발적인 행위가 아니었음이 밝혀졌다. 일본 군부에 의한 조직적인 인신매매 행위였다는 것이 최초로 드러난 것이다.

당시 미야자와 일본 총리는 최초로 한국에 사죄의 뜻을 밝혔다. 그러나 일본 정부는 아직까지도 조직적인 강제연행은 없었다며 인정하고 있지 않다. 모집에 관여하기는 했으나 강제연행은 아니었다는 주장이다.

일본군이 위안소를 용인하고 편의를 봐줬지만 여성을 강제로 성노예화한 사실은 없다고 했다. 인도네시아 스마랑섬에서 자행한 네덜란드 위안부 강제 모집은 예외적이고 개별적인 일탈 행위일 뿐이라고 주장했다. 이것은 아베 수상이 줄기차게 주장해온 내용과 같다.

2007년 3월 1일 아베 수상은 강제성의 정의가 바뀌어야 한다며 군경이 직접 집에 침입해 납치하듯이 데려간 그런 강제성은 없다고 발표했다. 뉴욕타임스, 워싱턴포스트 등 미국 언론들과 해외 언론들은 즉각 수만 명 여성을 성노예로 만든 책임을 경시하는 발언이라는 비판을 쏟아냈다. 종군위안부 모집, 이송, 관리 등 일련의 행위를 포함해 광의의 강제성을 인정해야 함에도 세세한 부분의 정의에 매달려 반인륜적인 행위를 부정하는 것은 일본 총리로서 떳떳한 태도가 아니라는 비판이었다.

같은 해 6월 '일본의 앞날과 역사 교육을 생각하는 의원' 모임이 '역사의 진실'이라는 광고를 게재하면서 여론에 기름을 부었다. 일본 의원들은 일본군이 관여했다는 증거는 없으며 위안부는 성노예가 아닌 자발적 매춘이었다고 주장했다. 그러자 위안부를 두 번 죽이는 행위라는 비난이 쏟아지면서 일본의 태도에 대한 미국 여론은 악화되었다. 곧바로 2007년 7월 마이클 혼다 일본계 미 의원이 주도한 미 하원 외교위원회는 위안부 성노예 결의안을 만장일치로 통과시켜 국제적으로 일본의 행태에 제동을 걸었다.

국제적으로 별 관심을 끌지 못했던 위안부 문제가 아베의 부인으로 들끓기 시작했다. 오히려 일본군의 일기와 증언, 미국 및 여러 나라의 국가 공식 기록이 드러나면서 일본의 식민 점령지에서의 젊은 여성 강제 납치, 유인, 유괴 등에 일본군이 직간접적으로 관여한 사실이 명백하다는 여론이 퍼져나갔다. 아베의 태도가 위안부 강제연행을 부정하고 사과할 뜻이 없는 것으로 간주되자 미국 하원도 결의안을 통과시킨 것이다.

지금까지도 아베 전 수상은 고노 담화 내용을 수정하겠다거나 위안부의 강제성을 부인하고 위안부 존재 자체를 부정하는 발언을 계속 이어가고 있다. 아베는 고노 담화가 일본군이 관여했다는 증거가 없음에도 불구하고 이루어진 한심한 정치적 양보라며, 일본 극우주의자들의 입장을 지지하며, 일본 국민들의 모멸감을 자극하면서 점점 더 일본의 혐의를 부인하는 여론을 만들고 있다.

아베와 극우 정치가들은 요시다 세이치의 거짓 증언이 고노 담화가 인정한 강제연행의 근거가 되었다며 고노 담화의 재검토 내지 철회를 주장했다. 이렇듯 일본군의 강제성이라는 측면에 과도하게 집착하여 고노 담화를 무효화하려는 행위는 오히려 국제적으로 일본 국민의 이미지를 부정적으로 만들고, 전쟁 범죄를 부인하는 정의롭지 못한 태도로 비춰졌다. 고노 담화 철회는 매우 어리석은 선택이며 오히려 문제를 더 크게 악화시킬 거라는 여론도 있었다.

전쟁 범죄를 부정하는 아베의 태도는 어리석다. 과거사 책임 회피는 일본의 명예를 회복시키는커녕 일본에 대한 평판을 악화시킬 뿐이다. 일본 군국주의 사상을 계승하고 있는 아베 정부는 빨리 일본 제국주의와 자신을 분리해 위안부 정책 방향을 세워야 한다. 과거사를 반성하고 흘려보낼 수 있어야 한다. 일본군의 조직적인 집단 강간, 성노예 사실이 있었음을 인정하고 국가가 강제 납치를 지시하지 않았다는 식으로 책임을 회피해서는 안 된다. 아베의 시대착오적 행태는 인권 의식이 높은 미국을 비롯한 유럽 선진 여론의 반발과 경멸을 불러올 뿐이다. 더 이상 상처를 키우는 것은 일본에 바람직하지 않다. 한일 두 나라가 조용해져야 세계도 조용해진다. 일본은 역사의 진실을 마주하는 선진 의식과 용기가 필요하다.

No. Boycott Japan

    1997년 12월 14일 일제 강제징용 피해자들은 일본 기업을 상대로 손해배상을 청구했다. 그러나 2003년 일본 현지 재판소에서 최종 패소했다. 이에 불복한 피해자들은 2005년 대한민국 법원에 신일본제철을 상대로 손해배상 소송을 제기했고 2018년 10월 30일 대한민국 대법원은 원고 승소 판결을 내렸다. 이 판결로 2019년 7월부터 한국을 상대로 수출 규제가 시작되었다.

    아베 정부가 화이트리스트 제외 등 한국을 상대로 경제 보복에 들어가자 No. Boycott Japan 운동이 시작되었다. 일본 상품은 사지 말고 일본에 가지도 말자는 No No Japan 운동은 곧 전국으로 번졌다.

    민노총, 한국진보연대, 한국YMCA 등 680여 개 시민단체는 '아베 규탄 시민운동'으로 반격했다. 한국에서 가장 잘나가는 일본 의류 브랜드 유니클로가 핵심 타깃이 되었다. 일본 자동차와 일본 맥주 판매율도 급락했고 규슈, 홋카이도, 쓰시마 노선의 여행 업체들도 큰 타격을 입었다. 반일운동이 격화되자 반한 감정도 심화되었다.

국내 일부 언론이 일본의 유명 의류 브랜드 유니클로 광고를 거론하며 반일 감정을 자극했다. 15초 분량의 광고에는 98세 패션 컬렉터인 할머니와 13세인 패션 디자이너가 등장한다. 소녀가 할머니에게 "스타일이 완전 좋은데요. 제 나이 때는 어떻게 입으셨어요?"라고 묻자, 할머니는 "그렇게 오래된 일(80년도 더 된 일)을 어떻게 기억을 하나?"며 반문한다. 광고의 13세 여성을 위안부 소녀와 연결지은 것이다. 지금까지 확인된 가장 어린 위안부는 13세였다는 사실에 근거했다. 국내 일부 언론의 기사는 반일 불매 운동을 자극했다. 나중에 유니클로 측은 "특정 국가나 목적을 가지고 제작하지 않았다. 그러나 오해를 불러일으킨 점에 대해서는 사과한다"며 억지 사과를 했다.

2021년 1월 22일 서울 강동구청 앞 소녀상에 일본 브랜드 대상트 패딩이 입혀지고 주변에는 데상트 신발과 가방이 놓여 있었다. 강동구 위안부 운동단체는 소녀상을 모독하고 더럽히는 고의적인 행위라며 결코 용서할 수 없다고 목소리를 높였다. 이런 해프닝이 반일 불매 운동을 비난할 의도였는지는 밝혀진 바 없다.

일본이 광분하면 할수록 한국은 한국대로 국론이 분열된다. 클릭 수로 먹고사는 기레기 언론과 죽창가를 부르는 국수주의자들이 들끓는 상황에서 우리 역사를 바로 세우려는 노력은 거품이 된다. 한

자강

국은 이제 국제 사회에서 중요한 위치에 서 있다. 유엔무역개발회의 (UNCTAD)가 설립된 지 25년 만에 처음으로 한국의 국제적 지위를 개발도상국에서 선진국으로 격상시켰다. 이는 세계를 향한 수출 주도형 중화학공업 육성 정책과 전자, 화학, 조선, 반도체 분야 기업들의 혁신적인 기술 개발, 해외시장 개척, 국민들의 피땀 어린 노력을 통해 이룩한 것이다.

그 이면에는 경제적인 측면에서 상호 의존해 왔던 이웃 나라 일본이 있었다. 이제 시대착오적 불합리한 요구와 적대적 갈등에서 벗어나 범세계적 관점에서 미래 지향적 선린 우호 관계를 공고히 해야 한다. 이웃 나라, 세계 시장을 등지고 대한민국은 존재하기 어렵다. 균형 있는 바른 역사 인식, 성숙한 국민 의식을 보여주어야 한국이 선진국으로서 진정한 자리매김을 할 수 있다.

반일과 혐한 뒤에 숨어 있는 정치

혐한의 역사는 1880년대 조선을 일본의 식민지로 만들어가는 역사와 궤를 같이한다. 메이지 유신으로 선진국 대열에 들어선 일본은 조선을 불결한 민족, 저능한 백성, 형편없는 조선 지도자로 규정하며 식민사관의 논리를 구축했다. 생물학적 인종주의, 문화적 인종주의는 대일본 제국 건설이라는 군국주의와 결합하여 혐한, 혐중, 혐아세안을 형성해나갔다. 일본은 본토인(내지인), 조선인(반도인), 대만인, 만주국인 등으로 민족을 구분해 차별했다.

1923년 관동대지진 당시 일본은 조선인이 우물에 독을 풀었다며 죽창과 단검, 몽둥이로 재일 조선인 수천 명을 학살했다. 패전 후 눌려 있던 일본의 인종주의는 한동안 빠른 경제 성장과 호황으로 잠잠하다가 버블 경제가 무너지고, 한국과 중국 등 주변국들이 경쟁국으로 떠오르자 다시 시작되었다. 1990년대 초부터 일본인들은 종군 위안부 문제가 국내외 이슈가 되자 본격적으로 자신들의 우월주의를 표출하기 시작했다.

'혐한'이라는 용어는 1992년 3월 4일 마이니치신문이 처음 사용했다.

오늘날 일본 우파는 국가 재건으로 애국을 실천해야 한다며 선동하고, 이를 이어받은 일본 언론은 경제 전쟁, 문화 전쟁의 트리거로 혐한을 활용한다. 혐한에는 한국인에 대한 멸시와 증오, 위화감과 우월감 등 복합적인 심리가 내포되어 있다. 그들은 한국을 경계하며 일본 사회의 반성과 각성을 촉구했다. 동일본 대지진, 역사 왜곡, 지소미아 등 국내외 정치 이슈가 등장할 때마다 혐한은 작동 원리로 등장한다. 증오의 피라미드는 오랫동안 구축되었다. 일본 사회에는 한국에 대한 잘못된 편견과 선입견이 사회 깊숙이 자리 잡고 있다.

일본의 혐한만큼이나 한국의 반일도 위험하다. 반일주의는 조선은 피해자, 즉 선이며 일본은 가해자, 즉 악이라는 이분법으로 바라본다. 이는 대중을 선동하기 쉬운 매우 편리한 사고방식이다. 반대 진영을 식민주의에 젖은 역사관, 친일파란 세몰이로 어떠한 친일적 언행도 용납하지 않는다. 일본은 언제나 악이기 때문에 모든 것을 부정해야 한다는 논리다. 이런 깜깜이 역사 인식으로는 올바른 가치 판단이 어렵다. 친일이라는 죄목을 씌워 종교 재판하듯 이단자를 매장하고 낙인 찍는다. 많은 정치가, 사회학자, 교육자들이 반일 사고방식에 젖어 제대로 된 역사 인식을 하기 어렵다. 그러니 학문적 발전이나 미래를 도모할 수 없다.

우리는 반일에 앞서 우리 자신의 비겁함과 무능을 되돌아보고 위선을 반성해야 한다. 열강들이 세계를 지배하는 제국주의 시대에 지피지기 없이 나라를 지킬 능력도 힘도 갖추지 못했다. 피해의식만이 우리 의식을 지배했다. 식민 지배의 불법성과 일본이 자행한 국가범죄를 배상해야 한다는 일방적인 피해자주의만이 당연하다고 생각해서는 안 된다. 역사의 아픈 상처지만 정확히 직면해야 한다. 나라를 넘겨준 것이 누구인가? 나라를 빼앗기고 식민화된 우리가 먼저 반성해야 한다.

1965년 양국 정부는 한일 회담에서 역사와 정치 경제를 분리했다. 불행한 역사가 정치 경제에 들어오면 두 나라의 발전에 득이 될 게 없다는 입장이었다. 하지만 다시 역사가 개입되면서 정치적 타협은 멀어졌다. 양국 정치가들은 포퓰리즘과 야합하여 혼란만 가중시켰다. 진정한 역사 문제는 피해 보상과 배상의 차원을 넘어선다. 한일 역사 문제는 양국의 민족 감정으로만 접근할 수 없다.

김대중 대통령은 과거사와 별개로 자신 있게 일본 문화를 개방했다. 노무현 대통령 역시 과거사의 족쇄에서 벗어나 동북아 공영의 미래를 함께 만들어가자고 제안했다. 그러나 한국 언론과 시민운동 단체들은 과거사를 봉합해서는 안 된다며 격렬하게 비판했다. 역사 문제에 대한 시민 사회, 정치권의 총공세는 2004년부터 시작되어 과거사 규명, 친일 규명이 시대정신이 되었다.

2015년 3·1절에는 박근혜 대통령이 연설에서 대일 강경 노선을 천명했다. 역사 문제 해결 없이 한일 간에 어떠한 미래 비전도 합의할 수 없다는 것이었다. 위안부 문제에 대한 한일의 정치적 합의가 정치 거래로 비판을 받자 양국 정치가들은 몸을 움츠리게 되었다. 중국은 일본의 유엔 안보리 상임이사국 진출을 반대하는 등 반일 정서가 고조되었다. 한국에서 일본군 위안부, 역사 교과서, 독도, 야스쿠니 신사 참배 문제가 확산되자 일본에서는 혐한으로 응징했다.

한일 관계는 2012년 8월 이명박 대통령의 독도 방문을 계기로 최악의 길로 들어섰다. 박근혜 정부도 피해자 문제의 해결 없는 외교를 거부했다. 2015년 박근혜 대통령이 중국에서 열린 '항일전쟁 및 반파시스트전쟁 승리 70주년 열병식'에 참석하며 한일 갈등은 더 깊어졌다. 2015년 한일 정부의 위안부 합의는 박근혜 정권의 종말에 영향을 끼쳤다고 할 수 있다.

피해자 중심주의의 그늘

피해자 중심주의는 멋지고 애틋한 용어다. 성폭력 사건이 일어나면 피해자의 말이 곧 증거가 된다. 여기에 반론을 제기하면 2차 가해라는 비난을 받기 쉽다. 미투가 확산되자 피해자 중심주의라는 말은 대중에게 확실히 각인되었다.

위안부 운동도 피해자 중심주의에 입각해 사안을 본다. 위안부의 증언과 기억에 절대 가치를 부여한다. 위안부 운동 방향에 맞지 않는 견해는 여성 혐오, 역사수정주의라는 딱지를 붙여 여론 재판에 붙여지기 쉽다. 박유하 교수의 저서가 그런 논란에 시달린 경우다.

피해자 중심주의는 성역화를 초래했다. 피해자 성역화는 위안부 운동 그 자체다. 위안부 연구자가 연구 대상을 실명으로 비판하지 못하는 것, 이것이 위안부 운동에 성역이 존재한다는 방증이다. 위안부 소녀상을 대하는 우리 사회의 태도도 성역화의 일단을 보여준다. 비가 오면 우비, 추울 땐 두툼한 패딩을 입히고 겨울엔 목도리를 두르고 머리엔 털모자, 손과 발등에는 보온 팩이 놓인다. 소녀상의 주위에는 꽃다발과 화분이 놓여 있다. 24시간 소녀상 주변을 감시하는 CCTV가 설치되고 심지어 방범 인력을 동원해 경호하고 있다.

소녀상은 순결한 10대 소녀가 성노예로 착취당한 위안부 서사를 시각적으로 정형화하고 수많은 위안부의 실존을 단일한 서사로 포획하는 장치다. 위안부 피해자의 언어 안에는 망설임, 언설로 표현하기 어려운 체험, 침묵, 불명확한 기억, 감정과 욕망의 지대가 존재함으로 이러한 비언어적 지대를 언어의 행간에 표현하는 일은 고민과 책임이 따른다. 그래서 인간을 깊이 이해하지만 않으면 안 되는 일이자 그녀를 사랑하지 않으면 안 되는 일이라고 말한다.

피해자 중심주의, 참으로 아름다운 말이다. 그러나 사실 관계와 이해관계가 다르면 피해자 중심의 언어는 의심받거나 의심한다. 2004년 위안부 피해 할머니 모임인 무궁화회는 정대협을 "역사의 무대에 우리를 앵벌이로 팔아 배를 불려온 악당"이라며 날 세워 비판했다. 무궁화회 심미자 할머니의 이름은 남산 '기억의 터' 조형물에서 삭제되었다. 위안부의 망설임과 침묵까지 공감하며 그 인간을 깊이 이해하고 사랑해야 한다고 했던 위안부 운동 단체의 두 얼굴이다.

피해자 중심주의를 내세웠던 정의기억연대는 위안부 피해자 호칭을 자의적으로 바꾸었다. 한국정신대문제대책협의회에서 정의기억연대로 바꾸는 과정에서 그들은 피해자를 정신대에서 종군 위안부로, 종군 위안부에서 일본군 성노예로 바꾸었다. 정대협 출범 당시 정신대와 위안부를 동일시하여 정신대라 했다는 설과 피해자들이 위안부라는 용어에 거부감을 느껴 정신대라 했다 하지만 명칭은 인식과 실천의 집약이다.

명명은 그 자체가 지적 권력이다. 위안부 운동 연구자, 활동가들은 명칭의 변화와 함께 자신들에 최적화된 권력 집단으로 진화했다. 일부 위안부 피해 할머니들은 위안부 성노예라는 명칭을 불편해했다. 그런데도 정의기억연대는 현재 일본군 성노예라는 명칭을 공식화해 국제적으로 위안부 운동을 펼치고 있다. 아마도 성노예라는 명칭이 국제 사회가 이해하기 쉽고 인권과 정의에 반하는 행위임을 알리기도 수월할 것이다. 언어가 주는 비극성과 선정성을 국제적 관심과 지지를 유도하기 위한 장치로 사용하고 있다고 볼 수 있다. 결국 성노예는 위안부 문제의 세계화를 위한 전략적, 정치적 마케팅 용어다. 피해자의 지지 없이 피해자 호칭마저 상황에 따라 바꾸는 피해자 중심주의가 아닌지 되돌아보아야 한다.

제국의 위안부

　2013년 세종대 인문학과 박유하 교수의 『제국의 위안부』가 한동안 논란에 휩싸였다. 박유하 교수는 탈제국주의, 탈냉전 시각에서 동아시아 역사를 바라보고 역사 화해를 위한 집필 활동을 해왔다. 『제국의 위안부』는 긍정과 부정 여론을 뜨겁게 일으켰다. 정의기억연대 등 위안부 운동 단체와 진보 학자들은 성폭력, 국가 폭력의 피해자들에 대한 명백한 2차 가해를 포함하고 있다고 비판했다.

　"표현의 자유가 타인의 기본권을 침해하는 폭력까지 포함하지 않는다. 『제국의 위안부』가 사회적 비난과 법적 제재가 되어야 하는 것은 사회적 폭력에 의한 2차 가해가 받아야 될 응분의 조치다. 『제국의 위안부』는 지식인이 지적 권력을 이용해 고통과 차별의 생존자인 위안부 피해 할머니들에게 저지를 수 있는 폭력과 다름이 아니다. 정말로 해서는 안 될 말들이, 써서는 안 될 글이 있다"라며 분개했다.

일본 제국, 일본군이 저지른 강제성과 성폭력으로 집약되는 위안부 문제를 인신매매업자, 가부장적 사회, 성차별적 국가주의 등으로 분산시켜 초점을 흐리게 했다는 주장이다. 10개월이 지난 2014년 6월에는 위안부 운동 단체들과 함께 9명의 위안부 피해 할머니들 이름으로 박유아 교수를 명예훼손과 손해배상, 도서 판매 금지 등을 청구하는 형사 고발을 이어갔다. 2015년 6월 법원은 『제국의 위안부』 34곳을 삭제하라고 판결하면서, 헌법상 학문의 자유, 표현의 자유에 입각하여 법적으로 표현을 금지하기보다는 자유로운 토론과 비판을 통해 문제를 해결해 나갈 것을 권고했다. 시민 사회 스스로가 문제를 제기하고 이를 건전하게 해결해 나가는 것이 바람직하다는 의견이다.

박유하 교수는 위안부의 평균적 모습을 소녀라는 이미지에 가두려는 위안부 운동 단체들과 자발적 매춘부라 주장하는 일본 우익들을 향해 위안부에 대한 금기와 차별 문제를 공론화하고 싶었다고 했다. 그러면서 저자의 의도와 달리 각자 자신들만의 해결 방식에 반한다는 이유로 국가의 힘을 빌려 저자 자신을 억압하고 있다고 주장했다.

일본군 위안부를 최초로 제기했던 일본인 센다 가코와 일본 우익의 협박 속에서도 일본 제국주의의 만행을 추적해온 니시노 루미코 씨의 주장처럼 위안부 동원은 일본군의 개입이 명백하다. 위안부 피해자들의 증언을 통해 취업 사기, 감언, 인신매매, 납치 등 비인간적 방식으로 위안부를 공급했다는 것이 폭로되었고, 이는 위안부 강제 동원과 국가의 개입이라는 명백한 결과다. 그러나 박유하 교수는 이런 사실을 모호하게 표현함으로써 결과적으로 일본의 책임을 면해주려는 저의를 숨겼다는 비판을 받았다. 일본군이 약취와 유괴, 인신매매, 사기, 기망 등을 통해 강제로 동원했다는 구체적 증거가 발견되지 않았다 해도(패전 일본이 그런 증거를 남길 바보는 아니다) 수요와 공급의 불균형을 해소하기 위해 불법적 유괴, 인신매매, 약취 등의 범죄를 눈감아주고, 위안부 수송에 각종 편의를 제공하고 방조한 범죄는 명백하다. 마구잡이로 모집한다는 것을 금지 또는 경계한다는 자료가 있을지라도 손바닥으로 하늘을 가리는 것과 마찬가지다.

성노예의 정의에 따르면, 위안부 여성들이 자신의 직접적인 조건을 바꿀 수 없는 상황에서, 그것이 그들의 어떠한 조건이나 상황에 처해 있었느냐와 상관없이 자의적으로 빠져나올 수 없는 조건이나 상황으로 성폭력과 착취의 대상이 되고 있는 것이라고 밝히고 있다. 강간이 화간으로 변했다 해도 사회적 통념에 편승하여 피해자를 비난하고 침묵시키는 것은 옳지 않다.

당신은 누구의 편이냐고 묻는 적대적인 질문은 삼가야 한다. 학자의 주장에 대해 일본과 일본 우익에 기여했다고 공격하는 것은 옳지 않다. 위안부 개인의 역사와 상황의 복잡성들에 대한 이해 없이 평범한 삶을 살아온 학자들과 운동가들이 아전인수식 자기주장만 내세우는 것도, 상상력의 결여나 독해력의 치졸함이라며 반대자를 비판하는 태도도 바람직하지 않다. 오히려 위안부 문제의 원만하고 빠른 해결을 원하는 양심 있는 일본 지식인들의 견해를 경청하는 것도 바람직한 방법이다.

1990년부터 30년이 넘도록 최악의 한일 갈등으로 번진 위안부 문제는 한일 양국의 미래를 위해 원만히 해결되어야 한다. 우리 안에 있는 분열을 치유하기 위해서는 적대적 대립과 비난의 언어만이 난무하는 진영 논리를 넘어 듣고 싶지 않은 견해, 말하지 못하는 의견을 자유롭게 수용할 수 있는 분위기를 만들어야 한다. 서로 반목하고 대립 갈등하는 가운데 양국 국민의 상처는 더욱 커지고 있다. 외교 갈등까지 번지는 상황에서 혐한, 반일 감정을 넘어 합리적인 논의 과정을 통해 소통 부재를 극복해가야 한다. 사죄와 배상은 양보와 타협을 통한 합리적 해결로 끝내야 한다. 역사 속에 위안부 문제를 명확히 남기고 화해의 길로 나아갈 때 우리 국민은 행복할 수 있다. 우리는 가해자가 아니라 피해자이기에 일본을 용서할 수 있는 주체가 될 수 있지 않은가.

반일 종족주의

2019년 『반일 종족주의』가 나오자마자 베스트셀러가 되었다. 전 서울대 교수이자 경제사학자 이영훈 교수를 비롯한 몇몇 학자들이 공동 저자다. 조국 전 법무부 장관은 구역질나는 책이라고 비판했다. '반일 종족주의의 오판', '일제 종족주의', '신친일파'라며 비판하는 책과 글들이 뒤를 이었다. 세종대 호사카 유지 교수는 저자들을 향해 일본 극우들과 아베 정권이 가장 거북해하는 일본군 위안부 소녀상을 없애라고 주장하는 것은 일본 우익에 동조하는 명백한 친일파라고 비판했다.

이영훈 교수는 "한국인은 반일 종족주의에 빠져 있다. 일본군 위안부 제도는 전쟁 범죄도 아니고 성노예도 아니다. 1938년 이후 군위안소가 증가하며 조선인들이 위안소를 직접 운영하거나, 위안부도 돈을 벌기 위해 중국, 대만, 버마 등지로 군대를 따라 이동했다. 여성들은 주로 인신매매와 취업 사기 형태로 위안부가 되었지 일본 군경에게 납치당했다는 주장은 객관적 자료가 없어 신빙성이 약하다"라고 주장한다. 그는 위안부는 강제로 끌려간 것이 아니라고 했는데, 그 근거가 당시 일본은 공창제를 시행했고, 공창제가 조선에 도입되면서 일찍이 산업으로 형성되었다는 것이다. 따라서 전쟁통에 공창제가 단지 군부대로 옮겨온 것뿐이며, 따라서 위안부는 성노예라는 주장은 재고할 필요가 있다고 주장했다.

위안부 생활은 어디까지나 그들의 선택과 의지에 따른 것이었고, 직업적으로 위안부는 위험 장소에서 영위된 위안부 개인의 영업이었다고 했다. 더 나아가 일제가 조선 여인을 전선으로 끌고 가 위안부로 삼은 사례는 단 한 건도 보고된 바가 없고, 위안부 생활은 어디까지나 그들의 선택과 의지에 따른 것이었으며, 위안부는 위안소라는 장소에서 영위된 위안부 개인의 영업이었다고 했다.

이영훈 교수는 조선 시대에도 존재했던 매춘업이 전쟁 중 일본군 영역으로 확대된 것으로 본다. 그는 조선의 기생제와 1916년 이래 시행된 공창제의 역사를 소개한다. 일본군 위안부 뒤에 등장하는 한국군 위안부와 미군 위안부 그리고 민간 매춘업의 실상까지 소상하게 소개한다. 이렇게 일본군 위안부제를 조선 시대 매춘업의 역사와 함께 위치시키고 1939년~1945년의 역사만 달랑 떼어 일본군의 범죄라고 주장하는 것은 위안부 운동가들의 오류라고 주장한다.

『반일 종족주의』는 곧 일본 제국주의 식민 지배의 부당성, 제도적 폭력성을 간과했다는 점과, 친일 논리가 강하다는 것 때문에 거센 비판을 받았다. 이영훈 교수 등은 이처럼 파격적 주장에 무슨 이해 관계나 정치적 동기가 있는 것이 아니며 오로지 연구자의 직분에 충실하고자 했다고 주장했다.

기존의 고정관념을 의심하고 새로운 사실을 밝히는 일종의 소명 의식과 연구 과정에서 우리 사회의 오랜 금기를 깨는 학자적 의무감이 있었을 것이다. 하지만 한마디로 동의할 수 없는 부분이 많다.

저자들이 일본군 위안부 제도를 매춘업의 역사 가운데 위치시키는 것에는 결코 동의할 수 없다. 일본군 위안부를 기생제나 공창제, 해방 이후의 위안부와 연결 짓는 것은 일본의 전쟁 범죄를 방조하는 것이나 마찬가지다. 이는 위안부 피해자 할머니의 인권을 폄훼하는 주장이다. 위안부 모집과 위안소 운영이 민간업자와 민간업주의 책임 아래 이루어졌다고 주장하나 위안소 운영은 일본군이 세밀하게 통제했다. 더 중요하게 다뤄야 할 것은 위안부 모집 과정인데, 이영훈 교수는 이것이 모집업자와 보호자 사이에 합의로 이루어졌다고 본다. 모집업자가 가난한 호주를 만나 감언이설로 유혹하며 약간의 전차금을 지급하며 딸자식을 위안부로 넘겼다는 것이다. 위안부는 위안부 입장에서 수요가 확보된 고수익 시장으로 위안부들 역시 전쟁 특수를 이용하여 큰돈을 벌고자 했던, 인생을 개척한 사람이라고 주장했다.

위안부에 관한 상식을 일부 뒤집는 이영훈 교수의 이런 주장은 위안부의 모집과 배치, 관리 등에 일본군이 어떻게 개입했고 지시했

는지에 관한 사실, 위안부가 얼마나 비참한 환경에 놓여 있었는가에 대한 상황 인식은 부족하다. 그는 위안부 피해자들이 사냥을 당하듯 끌려갔다는 증언은 대부분 조작된 것이라 주장하지만, 실상은 일본군 위안부의 동원이 전시 동원 체제의 일환으로 이루어졌다. 또한 위안부는 일본군 편제의 말단 조직으로 편입되어 군부대와 같이 이동했다. 목숨이 왔다 갔다 하는 위험한 전쟁터에서 성적 노예 상태에 있었던 명백한 사실을 간과하고 있다. 이영훈 교수는 객관적인 통계와 자료를 분석한 결과라고 주장하지만, 이러한 견해는 위안부들의 역사적 상황과 인식을 고려하지 않은 결과다.

이영훈 교수는 『반일 종족주의』 서문에 다음과 같이 썼다.

"국익에 반하는 내용이 있어 국민들에게 불쾌감을 주거나 불편함을 느낄지도 모른다. 그러나 학문을 하는 연구자로서 국익 우선주의에 동의하지 않는다. 우리가 범했을 수도 있을 잘못에 대한 엄정한 학술적 비판이 필요하다."

그는 반일 종족주의로 요약되는 한국의 적대적인 민족주의는 본질적으로 대한민국 위기의 근원이 되고 있다고 주장했다. 더 나아가 한국이 자유 민주체제, 자유시장 경제체제, 선진적인 문화를 위해서는 반일 종족주의에서 벗어나야 한다고 역설한다. 1991년 일본군 위안부 문제가 불거진 이후 30년간 한일 양국의 우호 관계가 크게 손상된 것은 문제의 실상을 객관적으로 이해하려 하지 않는 한국의 책임이라는 것이다.

그의 학문적 연구와 주장은 존중되어야 한다. 하지만 일본군 위안부, 미군 위안부, 한국군 위안부는 시대적 상황이 다르며, 따라서 그 동기와 존재 방식도 전혀 다르다. 일본군 위안부는 식민지 여성이 강제적으로 끌려가 성적 노예 상태에 이른 전쟁 범죄의 희생양이기 때문이다. 즉 무권리 상태에 있는 여성이 일본이 일으킨 전장에 인신매매, 유괴, 취업 사기 등으로 끌려간 것이다. 목숨이 오가는 살벌한 전쟁터에 아무리 돈이 중요하다 한들 자발적으로 갈 수 있겠는가.

일본의 공창제 역사와 조선의 기생제까지 거론하고 일제 시대 조선의 매춘업 실태까지 서술하며 기생제, 공창제, 위안부가 본시 한 계보였다는 주장은 논리적 도약이다. 1937년 일본군 위안부는 조선의 신분제와 가부장적 권력에서 가장 밑바닥에 있던 빈곤 계층 여인들이었다는 것, 더 나은 삶을 찾기 위해 폭력과 학대, 가난 속에서 뛰쳐나온 여인들이었을 것이다. 부모의 인신매매에 의해 팔려간 여자도 다수 있었다. 공부도 시켜주고 돈도 벌게 해주고 밥도 배부르게 먹여준다는 꾐에 빠져, 일부는 인신매매 조직에 끌려갔을 것이다. 그러나 일부의 이러한 상황 인식으로 일본 제국의 범죄에 면죄부를 줄 수 없다.

어느 시대, 어느 사회나 매춘업은 존재했다. 전시의 혼란스러운 상황에서 특히 여성과 어린이는 가장 가엾은 피해자로 남기 마련이다. 하루하루 연명하며 살아가야 하는 여성들이 막다른 골목에 이르면 일부 여성은 성매매에 나설 수밖에 없었고, 남성은 매혈과 장기 매매, 노역 등으로 생존해야 했다. 『반일 종족주의』 중 「일본군 위안부의 문제와 진실」 편에서는 1937년 중일전쟁이 발발하면서 위안소가 설치되고 병사 150명당 위안부 1명꼴로 충원되었다고 서술하고 있다. 280만 일본군에게 2만 명에 달하는 여성이 필요하다는 결론이다. 물론 기존의 유곽이나 창기들을 고용한 업소가 위안소로 바뀔 수는 있다. 군을 따라 영업하는 자발적 윤락업자도 있을 수 있다. 하지만 일본군이 최전방에 위안소를 직접 설치하고 관리했다는 사실은 명백하게 드러났다. 그러니 일본군의 범죄 혐의를 약화시켜 반일 종족주의 논리를 강화하는 것은 무리로 보인다.

여기에서 위안부라는 비극이 왜 생기게 되었는지 그 근원부터 성찰해볼 필요는 있지 않을까. 우리 조국의 여성들에게 끔찍한 비극을 초래한 근원은 어디에 있는가. 일제 식민 통치 40년의 굴욕을 안겨준 자는 누구인가. 누가 어떻게 했기에 나라를 빼앗겼는가.

위안부 운동, 비판과 성찰

여성학자 김정란 박사는 2004년 발표한 논문 「일본군 '위안부' 운동의 전개와 문제인식에 대한 연구: 정대협의 활동을 중심으로」에서 정대협이 위안부 운동을 주도하고 있는 상황이란 이유로 비판의 대상이 되기 어렵게 되었다고 밝혔다. 그 후 20년 가까이 상황은 크게 변하지 않았다.

하나로 고정될 수 없는 위안부 피해자들의 이야기는 증언과 철저한 고증으로 그 정당성을 얻을 수 있다. 연구자들은 위안부 문제가 여성에 대한 구조적 성폭력이라는 여성주의적 관점이든 기타 관점이든 조명되지 못한 이야기를 소환하기 위해서는 자유로운 연구 풍토와 비판적인 환경이 조성되어야 한다고 말한다. 위안부 문제는 담론이나 기사로는 많이 다뤄졌지만 역사학적 시각을 바탕으로 한 연구는 거의 없다. 위안부 연구가 공전하는 이유 중 하나는 새로운 논의를 허용하지 않는 사회 분위기가 팽배해 있기 때문이다. 위안부 문제를 피지배 민족 여성에 대한 지배 민족의 성적 수탈로 보는 민족주의 관점에서 벗어난 연구들은 배제되거나 가치를 인정받지 못한다. 한국 사회는 이러한 일방적인 연구 담론을 반일, 친일 같은 이분법으로 소비했다. 강제동원을 강조하는 기존 관점에서 벗어난 주장을 하는 학자들에게는 학문적 비판이 아닌 친일파, 매국노와 같은 비난이 쏟아졌다.

박유하 교수는 『제국의 위안부』를 출간한 뒤 명예훼손으로 고소를 당하는 등 어려움을 겪었다. 남성 중심적인 한국의 역사학계는 위안부를 역사학이 다루어야 할 문제로 인식하지 않았다. 위안부 문제는 전쟁, 정치, 계급, 가족, 교육, 취업 등이 관련된 근대 여성 문제의 복합적 산물이다. 하지만 위안부 문제와 같은 여성사는 역사학에서 다루어지지 않았다. 많은 논란을 불러올 주제인 만큼 부담감도 컸을 것이다.

위안부 문제를 다루려면 그 기저에 작동하고 있는 가부장적 사회 질서 등 당시의 여성 차별 문제도 짚어야 한다. 우리 사회를 지배하고 있는 남성 중심의 가부장제는 여성을 가사노동과 출산 양육의 도구, 혹은 성적 대상으로 보는 복합적이고 폭력적인 구조가 자리 잡고 있다. 하지만 이런 논지는 운동 단체와 주류 학계로부터 일본의 책임을 희석시킨다는 비판을 받았기에 다루어지지 못했다. 여성주의 관점에서 보면 민족 내부의 문제를 지적하지 않을 수 없지만 이분법에 갇혀 있는 한국 사회가 수용하기 어려웠다.

민족주의 관점에서 일본에게 사과하란 말은 쉽지만 민족 내부의 모순을 지적하리란 쉽지 않은 일이었다. 피해자가 느끼는 고통은 일본의 책임뿐만 아니라 한국 사회의 여러 차별에 그 원인이 있다. 위안부 운동을 주도한 정의기억연대는 자신의 입장과 다른 연구들은 외면했다. 위안부 운동의 특성상 이념과 목표를 명확히 하기 위해선 메시지가 선명하고 단순화되어야 하기 때문이다.

위안부 담론을 이끌어가는 정의기억연대의 입장에서 위안부 연구는 그들의 영향권 안에 둘 수밖에 없었다. 정의기억연대가 곧 피해자이자 한국 입장을 대변하게 된 상황에서 연구자들은 다른 목소리를 내기란 어려웠을 것이다. 스스로 문제 해결에 방해가 될까 위축되고 정치적 부담을 느꼈을 것이다. 정의기억연대의 입장에 우호적인 몇몇 특정 연구자와 단체가 국내 위안부 담론을 주도하다 보니 보다 다양한 연구가 나올 수 없었고, 위안부 운동에 대한 성찰과 비판보다는 민족주의적 주장에 힘을 실어주는 데 기여했다.

2018년 여성가족부 산하 한국여성인권진흥원에 설치된 위안부 문제연구소 역시 크게 다르지 않았다. 위안부 연구는 운동과 유기성을 갖고 비판과 성찰을 주고받아야 한다. 오랜 세월 위안부 연구는 여러 제약이 있었고 위안부 문제의 복잡성을 비판적으로 다루지 못했다. 위안부 문제가 갖는 다양성, 중층성에 주목해 이제부터라도 공론의 장에서 비판적인 연구가 이루어져야 한다. 이를 통해 한국 근현대사의 성찰과 변화로 이어지도록 해야 할 필요가 있다.

피해자 중심주의의 허상

한국 정부와 위안부 피해 할머니들의 돈 싸움이 위안부 운동 단체에 의해 촉발된 일이 있었다. 위안부 피해자 할머니 모임인 무궁화회는 일본이 조성한 아시아평화국민기금을 받았다. 1998년 김대중 대통령은 위안부 피해 할머니들에게 각각 3150만 원을 지급하도록 했다.

이후 무궁화회 33명의 할머니들이 외교부에 탄원서를 냈다. 정의기억연대가 기금을 받은 할머니들에게 정부가 지급하는 생활지원금 수급 자격을 인정받지 못하게 하고 있다는 이유였다. 피해자인 자신들을 놔두고 정의기억연대가 정부와 협상하고 모금을 하는 등 누가 그들에게 대표성을 부여했는지 수긍할 수 없다며 항의했다.

위안부 피해자도 각기 다양한 사정과 입장이 있다. 위안부 문제 해결은 피해자 의사를 우선적으로 고려해야 한다는 피해자 중심주의라는 대원칙이 있기에 모든 피해자를 아우르는 해결 방안을 모색해야 한다. 2015년 한일 정부 간 합의는 정의기억연대와 일부 피해자의 기금 수령 거부로 파행을 겪다가 끝내 파기되었다. 그러나 화해와치유재단이 설립된 후 생존자 47명 가운데 37명은 보상금을 받았다.

오래전부터 정의기억연대의 베타성은 문제가 되었다. 이견이 있는 위안부 피해 할머니나 의견이 다른 전문가들을 포용하지 않는다는 비판이다. 남산 '기억의 터' 위안부 기림비에서 이름이 빠진 피해자 심미자 할머니의 사례가 대표적이다. 무궁화회 회원인 심미자 할머니는 김학순 할머니와 더불어 위안부 피해 증언을 한 대표적인 분이다. 무궁화회는 아시아평화국민기금을 받은 33인이 만든 피해자 자치모임으로 기금을 받았다는 이유로 정의기억연대와 갈라섰다. 1997년 2월 27일 세미나 '정신대 문제 어디까지 왔나'에서 당시 정대협 회장 윤정옥 교수는 일본의 아시아평화국민기금을 받으면 공창을 인정하는 것과 마찬가지라고 발언하여 할머니들의 분노를 샀다.

정의기억연대는 자신들과 의견이 다른 전문가들을 고립시키는 방식으로 갈등을 봉합한다는 비판을 받았다. 사회 통념으로 인정되는 이야기와 다른 이견을 내놓은 학자와 전문가는 재판까지 가야 하는 상황도 벌어졌다. 일본의 양심으로 불리며 오랫동안 위안부 문제 해결을 위해 앞장서 왔던 도쿄대학 와다 하루키 교수는 이렇게 말했다. "기금이 매수 공작이라 하면 돈 받은 할머니들을 멸시하는 것입니다. 할머니들의 행동이 옳지 않다고 재단할 권리는 누구로부터 받은 것입니까? 할머니들은 한 사람의 인격으로 그 주체성이 존중되어야 합니다." 하루키 교수는 고령의 할머니들이 기금을 받았다며 공격한 위안부 운동 단체에 실망감을 표했다.

이 과정을 지켜보는 시민 사회와 언론, 정치인, 정부도 침묵했다. 피해자 중심주의 원칙을 강조했지만 정의기억연대, 정부, 언론, 정치인 모두 자기 편익에 따라 피해자 입장을 자의적으로 이용해 왔음을 부인하기 어렵다. 심미자 할머니 등은 한을 품고 세상을 원망하며 하늘나라로 가셨다. 피해자 중심주의를 외면하고 증오와 갈등을 초래한 것은 모두에게 불행한 일이다.

『기억전쟁』, 『희생자의식 민족주의』를 쓴 임지현 교수는 다음과 같이 비판했다.

"정의기억연대는 위안부 피해 할머니를 돕는 단체인데 자신들이 희생자인 것처럼 행동하고 있다. 희생자가 아닌 사람들이 희생자의 지위를 물려받아 희생자를 자처하면서 정치적 정당성을 확보하려 한다. 정의기억연대는 희생자의식 민족주의를 정치적으로 오용하고 도구화하는 전형적 사례다. 오죽하면 위안부 피해 할머니 이용수 씨가 정의기억연대의 처사에 반발했겠나. 세계는 지금 세습화된 희생자의식을 통해 자신들의 민족주의에 도덕적 정당성과 정치적 알리바이를 부여하는 기억의 전쟁이 치열하게 벌어지고 있다. 세습적 희생자로서 자기 기억만 옳다고 믿고 상대방의 기억은 배제한다. 개인 행위에 상관없이 자기 민족이 희생자이기 때문에 집합적 무죄를 주장하며 면책을 받으려 한다. 한국은 지금 세계 10위권의 경제 대국이다. 그런데도 아직도 희생자 지위에 연연한다. 일본도 원폭 등에 의한 서양 제국주의의 희생자로 생각한다."

과연 누가 가해자이고 누가 희생자인가. 누가 희생자 코스프레를 하고 있는가.

또 다른 가해자들

2020년 5월 27일 종로구 옛 일본대사관 앞에 앉아 있는 평화의 소녀상은 평화롭지 않았다. 정의기억연대의 수요집회와 보수단체들의 집회가 함께 열렸다. 최근 정의기억연대의 회계 부정 의혹과 인권운동가 이용수 할머니의 폭로가 불거지면서 보수단체의 목소리도 거세졌다. 보수 운동 단체는 위안부 피해 할머니들의 아픔을 치유하자는 뜻에서 만들어진 소녀상을 더 이상 정치적으로 이용하지 말고 철거하라고 주장했다. 국회의원이 된 전 정의기억연대 대표 윤미향 의원의 사퇴를 촉구하기도 했다.

소녀상에 집착하는 위안부 운동 단체와 철거를 주장하는 보수단체. 양측이 서로 반대 주장을 하며 갈등했다. 과연 어떤 주장이 옳을까? 정의기억연대는 소녀상을 통해 일본을 압박하고, 보수단체는 소녀상이 한일 갈등의 원인이라고 보았다.

김학순 할머니의 증언 이후 위안부 운동은 30년간 피해자 중심주의를 기반으로 반일 민족주의, 젠더 운동으로 이어졌고, 전시 성폭력 평화운동으로 진화했다. 피해를 당한 생존자 할머니들은 일본에게 피해 보상과 반성을 요구하는 운동을 통해 여성 인권을 외치는 평화운동가로 바뀌었다. 그 모든 활동의 중심에는 정의기억연대가 있다.

그러나 지금은 모든 것이 멈춘 형국이다. 위안부 운동의 선봉에서 왔던 이용수 할머니와 정의기억연대를 이끌었던 윤미향 의원이 이제 새로운 피해자와 가해자가 되어 다투고 있다. 그동안 쌓인 불만은 납득하기 어려운 사태를 낳았다. 정의기억연대 대표 시절 윤미향 의원이 위안부를 이용했다는 분노였다.

정의기억연대는 이용수 할머니와 같은 걸출한 인물과 함께 피해자의 권리를 대변해왔다. 이들의 피해자 중심주의는 가해자를 묻고 단죄하는 일이다. 그런데 이용수 할머니의 폭로를 통해 정의기억연대는 피해자들과의 대립 관계로 바뀌었다. 피해자 중심주의는 정의기억연대의 과잉 대표성 문제로 번졌다.

그동안 정의기억연대는 위안부 피해자 운동을 '순결한 민족의 딸'이라는 민족주의 프레임을 걸고 전개했다는 비판도 있다. 정의기억연대는 1987년 6월 항쟁 이후 꾸준히 성장한 여성운동가들이 결집한 운동 단체였다. 1990년 창립을 주도한 윤정옥 교수의 말이나 위안부 피해자들의 증언집을 보면 정의기억연대는 보편적 여성운동

관점을 놓치지 않았다. 이용수 할머니도 정의기억연대와 정치권의 협조로 여성운동가로 성장했지만, 더 광범위한 여성 문제나 인권 이슈를 포괄하지는 못했다.

그러면서 정의기억연대와 윤미향 의원이 위안부 피해자 할머니들을 내셔널리즘에 동원하느라 정작 피해자, 생존자들의 아픔을 외면했다는 비판이 일고 있다. 일부 학자와 연구가들, 위안부 활동가들도 이런 견해에 어느 정도 동조한다. 정의기억연대의 행보들을 돌아보면 이들 문제에 관해 사려 깊지 못한 측면이 크다. 이는 여성인권운동이라는 '위안부 피해자 운동'의 중요한 성과를 거뒀음에도 불구하고 과오로 남았다.

종전 40년이 지난 1985년 리하르트 폰 바이츠제커 독일 대통령은 "과거에 눈 감은 자는 현재에도 눈 먼 자가 된다"며 제2차 세계대전의 죄과에 대해 독일은 피해자가 충분하다고 여길 때까지 사과와 반성이 이루어져야 한다고 말했다.

우크라이나 출신 작가 스베틀라나 알렉시예비치의 『전쟁은 여자의 얼굴을 하지 않았다』는 제2차 세계대전에 참전했던 여성들의 이야기를 다룬 책이다. 여기에는 공훈과 무용담으로 기록되는 남성들의 전쟁과 달리 여성들은 전쟁의 공포 속에서도 일상을 발견하는 지혜가 있다. 첫 생리혈, 적군에 대한 연민, 사람을 죽인 고통, 포연을 뒤덮은 노래와 사랑 등 묻혀진 여성의 목소리를 담았다. 전쟁의 공포에서도 지키려 했던 일상, 전후의 일상을 위협하는 상처를 숨겨야 했던 그 모든 이야기들, 그러면서 작가는 세상에 묻는다. "우리는 누구의 피해자인가?" "누구를 위해, 무엇을 위해, 우리는 아직도 전쟁 중인가?" 위안부 운동 30년, 지금 우리 사회에 던지는 질문이다.

위안부 운동과 윤미향

위안부 운동을 주도해온 한국정신대문제대책협의회(이하 '정대협')의 시작은 소박했다. 1990년 봄 이화여대 대학원 여성학과 학생들이 대통령 방일을 앞두고 일본의 사죄를 받아내야 한다고 의기투합한 것이 그 불씨였다. 그해 11월 정대협을 발족했고, 곧이어 김학순 할머니의 증언이 나왔다. 위안부 운동의 기반이 마련되자 1992년 1월 8일 첫 수요집회가 열렸다.

당시 윤미향 씨는 정대협과 동의어이자 경외의 대상이었다. 그녀는 열과 성의를 다해 위안부 운동에 헌신했다. 위안부 운동 조직과 세력이 커지자 정대협은 모든 조직이 그렇듯 권력화되어 갔다. 위안부 문제 연구자들은 정대협의 패권주의가 결국 위안부 피해 할머니들과의 갈등을 낳았다고 본다. 위안부 문제는 모두 정대협을 통해 해결되어야 했고, 작은 반대의 목소리는 허용되지 않는 분위기였다. 위안부 이슈에 대한 다른 시각과 해법은 곧 친일로 간주되었다.

여성학자 김정란 씨는 2004년 이화여대 박사학위 논문에서 이러한 문제를 제기한 바 있다. 일본 정부의 돈을 받으면 배신자로 낙인찍으며 할머니 개개인의 상황과 의견을 이해하지 못하는 교조주의적 태도가 있었다는 주장이다.

정대협이 위안부 피해 할머니들을 위해 존재하는 것이 아니라 자신들과 같은 시민운동 조직과 활동가들을 위한 조직으로 변질되었다는 비판도 받았다. 일본 정부가 조성한 기금을 받을 경우 할머니들이 분열되고 위안부 운동의 당위성과 방향이 깨질 것이라는 강박감이 있었을지도 모른다. 위안부 운동의 중심인물인 이용수 할머니는 성금이 어디에 쓰였는지 모른다고 했다. 속을 만큼 속았고 이용당할 만큼 이용당했다고 했다.

정부는 정의기억연대가 위안부 운동을 앞세워 이용했다는 이용수 할머니의 주장을 어떻게 보고 있을까. 위안부 운동가들은 국내 친일 세력에 대해 적대 관계를 이루고 있지만 위안부 문제는 반일·친일의 이분법을 깨지 않고는 앞으로 나아갈 수 없다. 피해자의 상황을 보듬지 못하고 갈등을 야기한 정의기억연대의 운동 방식이 전면 수정되어야 하는 이유다. 위안부 문제를 반일 구도로 상정한 정의기억연대는 스스로 성역에서 벗어나 국민들의 목소리를 들어야 한다.

30년 전 윤미향 의원의 시작도 소박했을 것이다. 진실한 마음으로 위안부 피해 할머니를 위해 뛰었을 것이고 위안부 피해 할머니들의 처참했던 인생담에 눈물을 흘렸을 것이다. 그랬던 그녀가 어쩌다 할머니들을 이용하고 자기 실속을 차린 사람으로 비난받게 된 것일까. 정의기억연대의 한 활동가는 석사 논문에서 윤미향을 다음과 같이 기술했다.

"들국화(윤미향)는 경상남도 남해 가난한 농사꾼의 4형제 중 장녀로 태어났다. 그녀는 가족과 함께 친척 집 작은 방에 얹혀살았다. 새벽일을 나가시는 부모님을 대신해서 장녀인 그녀는 집안일을 했다. …… 위안부 운동 초기, 들국화는 퇴근 후 집에 오면 얼마나 울었는지 모른다. 본인의 개인적인 생활을 내팽개치고 주말, 휴일도 없이 위안부 피해 할머니들을 만나고, 의심받고, 할머니들이 쉽게 받아들일 수 없는 마음의 문을 열지 못하는 것을 들국화는 안타까워했다. 들국화는 또 하나의 역사적 일을 만들게 된다. 전쟁과여성인권박물관 건립이다. 들국화는 이 운동을 멈출 수 없었다. 들국화의 움직임은 사명감으로, 의무감으로, 마음의 부채로 실천해야만 하는 목표였다. 들국화의 운동 방식은 자신을 앞세우는 것이 아니라 피해 할머니들 단체가 우선이었다. 이 운동 속에는 늘 들국화가 자리하고 함께 있었다."

내러티브 탐구 방식으로 쓰인 이 논문은 1992년 정대협에서 간사로 활동하기 시작한 이후부터 윤미향 의원의 삶을 좇으며 위안부 운동의 의미를 부여하고 있다. 죄인처럼 살 수밖에 없었던 피해 할머니들이 당당하게 자신들의 목소리를 내고 가해자에게 사과와 반성을

요구할 수 있도록 윤미향은 진심을 다해 돕고 뛰어다녔다고 기술하고 있다. 하지만 고통에 찬 할머니들의 기억을 팔아 한 줌의 정치권력을 쥔 그녀는 위안부 운동의 순수성에 많은 의혹을 불러일으켰다.

그녀의 얼굴에서 통한의 세월 속에 세상을 등진 위안부 피해 할머니들과 정의로운 세상을 꿈꾸며 앉아 있는 소녀상에 고인 눈물이 오버랩 된다.

위안부와 그의 가족들

1991년 8월 14일 김학순 할머니는 자신이 일본군 위안부 피해자라고 국내 최초로 증언했다. 뒤이어 그해 12월 대구의 문옥주 할머니가 두 번째로 위안부 피해자임을 밝혔다. 그 후 다큐나 영화 등을 통해 위안부의 존재가 다양하게 조명되었다. 위안부 피해 할머니들의 평탄치 못했던 삶과 함께 가족, 친척, 이웃 등 주변 인물들도 등장했다. 할머니의 과거를 전혀 몰랐거나 침묵해 왔던 가족들에게는 증언이 받아들였건 못 받아들였건 새로운 상처로 남았다.

언니가 위안부였다는 소문 때문에 파혼을 당했다, 며느리가 위안부였다는 사실에 동네 부끄러워 평생 삿갓을 쓰고 다녔다, 자식 있고 남편이 있어 나의 원통이 있던 과거를 차마 밝히지 못했다, 사돈댁이 나의 과거를 알게 된다면 내 자식들의 인생이 어떻게 되겠나,

위안부였던 엄마를 바라보면 가슴이 미어진다.

　가족들의 갈등과 고통은 늘 따라다닌다. '못 다 핀 꽃' '끌려감' 등의 그림을 발표한 김순덕 할머니는 자신의 과거를 밝히려 하자 자식들이 가슴에 못을 박는 것이라며 말렸지만 용기를 내어 증언했다. 이후 큰아들은 어머니의 과거를 이해하고 받아들였지만, 작은아들 부부는 충격에서 헤어나오지 못했다. 김순덕 할머니는 자식들을 보면 가슴이 미어진다고 했다.

　피해 할머니들은 가족들의 삶을 걱정해야 했고 주변 인물들, 마을 사람들의 눈초리에 가슴 아파야 했다. 그런저런 이유로 주변과의 인연을 끊고 외롭고 힘들게 살 수밖에 없었다. 〈오키나와의 할머니〉라는 기록 영화와 『빨간 기와집-조선에서 온 일본군 위안부』라는 책에 등장하는 배봉기 할머니는 종전 후 폐허의 오키나와에 남아 홀로 외로이 살다가 돌아가셨다. 김학순 할머니보다 먼저 위안부의 존재를 밝힌 분이다. 배봉기 할머니는 늘 신경통과 두통에 시달렸으며 사람에 대한 경계심이 강했다. 생전에 "내가 이렇게 망가진 삶을 살수밖에 없었던 것은 조선이 식민지로 전락한 탓이고 일본이 전쟁을 일으킨 탓"이라고 했다.

　위안부 피해 할머니들은 전쟁이 끝나고 위안부였다는 존재를 스스로 지우고 싶어 했다. 간호보조원, 식당 종업원, 공장 근로자 등으로 위장하며 입에도 담지 못할 처참한 경험을 묻고 살았다. 최초의 증언이 나오기까지 오랫동안 진실의 빗장이 풀리지 않은 것은 이 때문이다. 해방 이후 은폐된 위안부 역사는 풍화되는 듯했지만 할머니들의 기억 속에서 되살아났다. 일본인 요시다 세이지의 주장과 김학순 할머니의 증언이 기폭제가 되면서 위안부 문제는 세상에 전면적으로 드러났다.

하지만 아직도 위안부에 대한 우리의 인식은 분열되어 있다. 국제 사회가 분명히 위안부를 반인권적 성노예 제도라고 못 박고 성적 자기결정권을 국가 폭력으로 유린한 전쟁 범죄라고 규탄했지만 위안부 피해 할머니들 자신과 가족들의 갈등은 훨씬 복잡하다. 한국 사회가 문제의 근원을 보지 않고 위안부 피해자들을 대상화하여 바라보는 비뚤어진 인식 탓이다. 우리의 할머니, 어머니, 누이, 이모, 숙모가 얽혀 있는 우리 자신의 역사다. 내 할머니, 내 어머니, 내 누이가 아니라서 위안부 피해자들을 왜곡된 시선으로 바라본다면 인권을 논할 자격이 없는 것이다.

위안부 역사관과 박물관

현재 위안부 역사관과 박물관은 서울 마포구와 경기도 광주, 부산, 대구 등 4곳에 있다. 또한 경남 시민단체들이 모여 역사관 건립을 추진하고 있다.

부산의 민족과여성역사관을 이야기할 때 부산 정대협 김문숙 이사장의 생애를 거론하지 않을 수 없다. 위안부 운동의 대모로 불렸던 그녀는 자비를 들여 위안부 역사관을 만들었다. 여행사를 운영하며 살아가던 중 김학순 할머니의 증언을 듣고는 곧 위안부 운동에 투신하여 40년간 헌신했다. 또래 여성의 비극과 참상을 지나칠 수 없어 피해자의 삶을 회복하고 역사를 복원하기 위해 반평생을 투쟁했다. 그리고 2021년 10월 29일 향년 95세로 영면하셨다.

김문숙 이사장이 지은 민족과여성역사관은 위안부 역사관으로는 국내 최초로 2004년에 세워졌다. 무료 입장이었기에 건물 운영비가 마련되지 않아 늘 폐관 위기에 처할 만큼 어려움을 겪었지만 김문숙 이사장은 역사관을 지켜냈다.

그녀는 1992년부터 1998년까지 6년간 시모노세키 재판에 앞장 선 것으로도 유명하다. 위안부 피해자 3명과 근로정신대 피해자 7명 등 10명의 할머니들을 위한 피해 보상과 일본 정부의 공식 사죄를 법으로 호소해 위안부 운동 최초로 일본에서 승소 판결을 얻어냈다. 이 과정을 다룬 영화가 〈허스토리〉다. 그녀의 헌신은 순수하게 위안부 피해 할머니들의 권리와 명예를 회복시키기 위한 것이었다. 평생 명예와 권세에 기웃거리지 않았고 위안부 운동에 전 재산을 털어 넣을 정도로 헌신했다.

서울 마포구 성산동에 있는 전쟁과여성인권박물관은 2012년 5월 5일 정대협이 세웠다. 시민 모금 20여억 원으로 지상 2층, 지하 1층 규모로 조성했다. 일본군 위안부 역사관, History를 Herstory로 바꾼 운동사관, 생애관 1·2, 추모관, 여러 전시관과 자료실로 이루어졌다. 세미나, 워크숍 등 학습 활동과 문화·체험 행사도 열린다. 위안부 역사를 보기 위해 오는 방문객들이 많아 지금은 위안부 운동의 메카로 자리매김했다. 처음에는 서대문 독립공원에 지으려 하였으나 위안부 역사가 순국선열에 대한 명예훼손이라는 이유로 광복회 등에서 반대했다 한다.

〈빼앗긴 들에도 봄은 오는가〉의 시인 이상화의 고향 대구에 있는 희움일본군위안부역사관은 '희망을 모아 꽃을 피움'이라는 뜻의 '희움'으로 지었다. 이 역사관은 일제 강점기에 행정, 경제의 중심지였던 서문로에 자리한다. 90년이 넘은 일본식 2층 목조 건물에 위안부의 역사와 피해자 할머니들의 기억, 전쟁이 야기한 희생과 교훈을 전하고 있다. 대구 시민단체와 역사관 건립 추진위원회가 시민 모금과 위안부 피해자 김순악 할머니의 기탁금, 여성가족부, 대구 중구청의 지원을 받아 세워졌다.

네 곳에 흩어져 있는 역사관을 국가 차원에서 통합해 내용과 격을 갖추어 새로 열어야 한다. 난립하고 있는 동상이나 기념비 등과 자료들을 통합해 모두의 역사 공간을 만들 필요가 있다. 남산 기억의 터, 용산 전쟁기념관, 천안 독립기념관 등에 흩어져 있는 위안부 역사관도 함께 통합하여 국가 차원에서 관리하고 운용해야 한다. 순례길, 리투아니아 십자가의 언덕과 같이 인간성 회복을 위한 공간으로, 이념을 떠나 여성 인권은 물론 반전, 인류애를 탐색하는 역사관으로 조성해야 한다.

유대인들은 유월절에 이집트 시절 광야에서의 40년 고통과 방황을 잊지 않기 위해, 당시의 고통을 상징하는 누룩을 넣지 않아 볼품없고 맛없는 딱딱한 빵 마짜(Matrah)를 쓴 나물과 함께 먹는다. 고난으로 점철된 노예의 역사를 기억하자는 뜻이다. 유대인들에게 유월절은 나태와 타락을 경계하고 스스로 교만하지 않으려는 자기반성의 시간이다.

우리에게도 일제 40년 고난의 역사와 함께한 위안부 역사를 다시 기억하고 우리 삶의 지렛대로 삼을 만한 역사 공간이 필요하다. 역

사를 바로 세우고 제대로 공부해 그 질곡의 시련이 남 탓이 아닌 내
탓임을 자각하고 자기반성의 기회로 삼아야 한다.

초등학생과 위안부 운동

『봄비 샘과 떠나는 평화 나들이』는 정대협이 발간한 위안부 운동 교육 교재로 '전쟁과여성인권박물관을 찾아서'라는 부제가 달려 있다. 5명의 초등학생이 선생님과 함께 박물관을 견학하고 난 후 소감을 나누는 내용으로 꾸며져 있다.

초등학생의 첫 마디는 "일본이 너무 미웠어요"이다. "한국 군인들이 베트남에서 똑같은 일을 저질렀다는 것이 충격이었어요", "한국 군인들은 개인적으로 한 것이 잘못이지만, 일본은 국가가 계획해서 저지른 잘못이에요. 일본 정부는 뭘 하고 있는지 정말 화가 나요", "정대협이 이렇게 활동하는 동안 우리 정부는 별로 한 게 없는 것 같아요" 등의 대화도 이어진다.

이 교재는 일본이 위안소를 만든 이유에 대해 전쟁 시 죽음 앞에 놓인 일본군의 스트레스를 해소하기 위한 것이며, 일본군의 강간 사건을 막고 성병 예방을 위한 것이라고 설명한다. 종군위안부는 자발적으로 했다는 의미가 들어 있기에 일본군 성노예, 또는 일본군 위안부로 불러야 하며, 우리나라 여성들을 강제동원하고 일본군과 정부가 개입했다는 점에서 명백한 국가 범죄 행위라고 교육하고 있다.

한 초등학생은 "할머니들의 처지가 너무 가슴 아프고 화가 나서 견딜 수가 없어요"라고 말한다. 책에는 위안부 할머니들의 증언도 싣고 있다. "동네에서 방송을 했는데 …… 몇 살까지의 여자들은 다 여기로 나와 봐라, 하는 식이었지 …… 그 길로 실려 간 거야, 내 나이 겨우 14살이었어." "하루 5명에서 많게는 60명의 일본군에게 성폭행 당했어. 군인들이 줄서서 기다리는 바람에 몸을 씻을 수도, 식사를 할 시간도 거의 없었어." "생리를 하거나 임신 중인 소녀도 성폭행에서 자유롭지 않았고, 심지어 임신한 소녀를 낙태시키거나, 쓸모없는 소녀는 총살시켜 버리기도 했지." "해방 후 일본군 위안부들은 위안소에서 당한 구타와 고문, 성병 감염, 인공 유산, 불임 수술, 자궁 적출 등의 폭력으로 신체적 정신적 고통에 시달렸어."

이 초등학생 교육 자료라고 하기엔 너무 자극적이다. 내용 중에는 당시 위안부 여성들이 적게는 8만 명에서 많게는 수십만 명에 이를 것으로 추정되며, 일제가 범죄 사실을 숨기려고 관련 자료를 모조리 불태워 버렸다고 씌어 있다. 1991년 8월 14일 김학순 할머니의 위안부 증언 이후 피해자로 신고한 한국인 위안부 할머니는 238명이며, 이를 통해 한국 위안부는 10만 명에서 20만 명으로 추정된다고 소개하고 있다.

교재에는 다음과 같은 내용도 들어 있다. "일본군 위안부 문제를 얼마나 적극적으로 해결하려 하는지 일본 정부와 우리나라 정부의 태도를 조사해 보았는데, 조사하면 할수록 화가 나. 결론적으로 일본 정부는 무책임한 태도로 일관해 지금까지 해결되지 않고 있고, 과거 잘못에 대한 반성과 책임은커녕 다시 과거의 잘못을 답습하고 있는 걸 보면 불안하고 화가 나." "우리 정부는 일본군 위안부 문제 해결에 다소 소극적인 반응을 보여 왔어. 헌법재판소의 결정과 충고에도 불구하고 정부는 말로는 일본군 위안부 문제 해결을 요구하겠다고 밝히면서도 실질적 행동으로는 이어지지 않고 있지."

교재에서 정의연 윤미향 대표는 이렇게 말한다. "가능하면 여러분들이 수요시위에도 참여하여 할머니들의 말씀도 듣고, 또 할머니들에게 힘이 되어 드리면 좋겠네요. 다음 시위 현장에서 만나면 좋겠어요." 초등학생들은 이렇게 답한다. "그럼 우리도 수요시위에 참가하고 수요시위에서 할머니들에게 노래를 불러 드리면 어떨까?" 그 후 5명의 초등학생들이 수요시위 현장에 참여한다는 이야기가 교재에 실려 있다.

이런 내용이 자라나는 초등학생들에게 어떤 도움이 될지 자문해 보아야 한다. 자료에 따르면 초등학생부터 고등학생까지 많은 학생들이 수요집회에 참여해 시낭송, 춤과 노래, 토론 등 다양한 이벤트를 꾸미고 있다. 일부 선생님들도 현장 교육의 일환으로 수요집회 참여를 권한다.

수요집회는 그 역사가 오랜 만큼 살아 있는 교육의 장으로, 평화 교육을 위한 거리 교실로 활용되고 있다. 정의기억연대가 감성이 예민하고 의사 판단 능력이 미성숙한 어린 학생들에게 자극적인 감성팔이를 하고 있다는 비판도 있다. 물론 위안부 운동은 청소년들에게 반전 평화, 인권운동을 가르치는 산교육이 될 수 있다. 이러한 교육을 실현하려면 청소년을 위한 영향을 고려하여 근본적인 재정비가 필요하다.

일본을 비난만 하면서 갈등을 부추기거나 위안부 피해자의 삶을 원색적으로 보여주면서 희생자 의식에 빠지게 하는 교육은 제고되어야 한다. 객관적인 관점을 길러 시대정신을 파악할 수 있게 해 주는 역사 교육이 필요하다. 아이들은 아직 어리다. 백 년 전의 역사를 이해할 만한 지성을 갖추려면 다섯 수레의 책이 필요할지도 모른다. 학생들이 민족의 비극을 협소한 시각으로, 단편적인 이야기로 바라보게 하지 말고, 세계 시민이 되기 위한 성찰적, 맥락적 시각을 키워줄 수 있어야 한다. 그러려면 한국 근대사와 함께 세계사를 더 광범하게 바라보고 다면적으로 접근할 수 있게 하는 역사 교육이 필요한 것이다. 더 이상 아이들을 반일과 혐오 감정, 보수와 진보의 싸움의 장에 밀어 넣으면 안 된다. 아이들이 더 넓은 시각으로 합리적 판단에 근거하여 우리 역사를 이해하고 일본과의 관계를 바라볼 수 있도록 해야 한다. 그래야 올바른 세계 시민으로 성장할 수 있다.

위안부 없는 위안부 운동의 시대

일본군 위안부 역사관에서 빛바랜 사진 속 앳된 시절의 할머니 모습을 바라보면 가슴 한구석에서 아련한 슬픔이 돋는다.

100년 전의 프랑스 작가 프루스트는 『잃어버린 시간을 찾아서』에서 오늘은 먼 과거로부터 흘러왔으며 미래와도 연결되어 있다고 말한다. 할머니의 잃어버린 시간을 찾아줄 수 있을까. 할머니들의 역사를 바로 세워 고통에서 해방된 미래를 상상할 수 있을까.

일본군 위안부는 어떻게 만들어졌으며 어떻게 생존해왔는가. 그들의 상처를 회복하고 역사를 복원하기 위해 사회와 국가는 무엇을 해야 하는가. 과거로 회귀하는 것이 아닌 어둠 속에 침몰해 버린 과거를 어떻게 부활시킬 수 있을까. 프루스트가 소설에서 던진 질문이다.

그렇다. 과거는 죽지 않고 살아 있다. 지나간 시간들, 우리가 잃어버린 영혼은 우리가 그들을 알아보고 불러주면 언제나 되살아난다. 과거의 역사와 기억들이 눈앞에 생생히 펼쳐지고 그들의 과거 슬픈 역사를 공감하며 이해하려 할 것이다. 이것이 프루스트가 말하려 했던 비의지적 기억, 감각적 기억이다. 기억이 영원히 사라지기 전에, 모든 흔적들이 역사에서 지워지기 전에 프루스트는 글로 기록하려 했다.

우리도 더 늦기 전에 일본군 위안부들의 비참했던 운명을 기억해내고 그들의 역사를 기록해야 한다. 과거를 불러내는 일, 잃어버린 시간을 찾아서, 다시 기억하는 일은 역사의 사명이다.

"역사가 과거와 현재의 대화라면 기억은 죽은 자와 산 자의 대화다. 역사가 공식적인 대화라면 기억은 은밀한 대화다"라고 역사학자 임지현 교수는 말했다.

죽은 자와 산 자는 기억으로 연결되며, 산 자는 죽은 자의 개별적 역사에 응답해야 한다. 과거의 비극을 통해 죽은 자와 남은 자들이 소통하고 기억해야 하는 책임은 역사학자가 아닌, 오늘 지금 여기에 살고 있는 우리에게 있다.

대중의 기억 속에 위안부 이미지는 일본군의 총검 앞에 강제로 끌려간 소녀로 각인되었고, 이것과 다른 맥락은 좀처럼 받아들여지지 않았다. 전쟁터에서 고향으로 돌아온 소녀에게 일본군에 몸을 팔다 왔다는 수군거림은 가혹한 경험과 기억을 묻게 했다. 피해자의 운명은 또다시 '자신들의 의사에 반하여 끌려간'이라는 것과 '강제로 끌려간'이란 것으로 심판받아 여전히 영욕의 세월에 갇혀버렸다.

2015년 한일 합의 이후 일본에 대한 감정은 더 악화되고, 다양한 피해자 형태가 있을 수 있다는 논의조차 어려워졌다. 대중들은 전시 성폭력과 민족적 피해라는 틀 사이에서 각자의 시선으로, 각자의 욕구대로 일본군 위안부 문제를 바라봤다. 위안부 문제를 한일 갈등, 반일운동으로 이해하려는 대중의 인식을 바꾸기는 어려웠다. 다수의 지지를 얻으려면 국민 감정에 영합할 수밖에 없었고 가장 쉬운 것이 반일 민족주의에 호소하는 것이었다. 여성 인권이라는 보다 높은 이슈는 한국 사회에 잘 먹히지 않았다.

위안부 피해자가 없는 위안부 운동의 시대다. 정의기억연대는 오랫동안 청소년들에게 일본군 위안부 교육 활동을 지속해 왔다. 수요집회가 일반 대중의 관심을 끌기는 어려웠지만 청소년들을 위한 위안부 교육의 장이 되었다. 정의기억연대의 운동 방식에 비판적인 이들은 청소년에게 반일 교육을 한다고 말한다.

일본군 위안부 문제는 일본 정부의 사죄와 배상이 선결되어야 하고, 한일 간의 문제인 것은 맞다. 하지만 또 다른 성찰도 있어야 한다. 한국의 역사 인식, 여성 인권 의식, 정치 사회적 문제가 피해자의 고통과 위안부 문제를 야기했다는 인식을 해야 한다. 위안부 문제를 제대로 풀지 못하는 우리 스스로의 반성이 우선될 때 위안부 피해 할머니들이 없는 시대에 남겨진 사명에 한 걸음 더 나아갈 수 있다.

도쿄 여성국제전범법정의 의미

1991년 5월 노태우 대통령이 일본을 방문하여 일본군 위안부와 강제징용자 명단을 요구했다. 곧이어 1991년 6월 일본 의회에서는 야당 의원이 일본 정부의 위안소 설치 개입에 관해 묻자 가이후 도시키 총리는 '민간업자가 끌고 간 것이지 국가가 관여하지 않았다'라고 공개적으로 밝혔다.

곧이어 한국의 37개 여성 단체가 정대협을 발족하여 6개 요구 사항을 일본 정부에 전달하고 요구 사항이 관철될 때까지 투쟁할 것임을 천명했다. 1991년 8월 정신대 신고 전화가 개설되고 그 후 10년 동안 238명의 위안부 피해자가 밝혀졌다. 1992년 1월 8일 미야자와 기이치 총리가 방한하고 일본대사관 앞 수요집회가 시작되었다. 1992년 7월 일본 정부는 위안부가 있었다는 사실은 인정했지만 강제성은 부인했다. 1993년 국내에서 위안부 피해자 생활지원법이 발효되어 위안부 피해 할머니들에게 영구 임대주택과 매월 생활비를 지원하게 되었다.

1993년 8월 4일 고노 담화가 발표되자 국내에서는 위안부 운동의 대장정이 시작되었다. 대일본 역사 투쟁의 어려움에도 불구하고 일본 여성을 포함한 아시아 여성, 세계 여성들과 연대하며 위안부 운동을 확대해 갔다. 국경을 초월해 세계 여성과 인권단체들은 일본 정부에 위안부 피해 보상과 사죄를 요구하며 국제적 페미니즘 운동으로 발전해 나아갔다. 하지만 국내에서는 페미니즘 운동으로 확산되지 못하고 한국 정부 대 일본 정부, 한국 국민 대 일본 국민 간의 대결 양상으로 흘러갔다. 반일, 혐한이라는 내셔널리즘은 자국 내부의 갈등으로까지 이어졌다.

위안부 운동의 괄목할 만한 성과는 2000년 12월 8일 열린 도쿄 여성국제전범법정이다. 일본의 여성운동가 마쓰이 야요리가 VAWW-NET Japan(전쟁과 여성에 대한 폭력에 반대하는 일본 네트워크)을 조직하여 일본의 성노예제를 오랫동안 폭로해온 결과다. 도쿄 여성 국제전범법정은 위안부 문제에 있어 한 번도 단죄되지 않은 일본의 책임을 물었다는 점에서 의의가 있다.

마쓰이 야요리를 중심으로 일본 시민단체와 피해국인 한국, 북한, 대만, 중국, 필리핀, 말레이시아, 인도네시아 시민단체, 전 세계 여성 단체들이 법정을 지원했다. 7명의 판사, 9명의 각국 검사, 피해국의 원고 각 2명씩, 전문가 증인으로 구성되었다. 8개국 64명의 피해 여

성이 참여했고 1천여 명의 방청객이 지켜보았다.

검사들은 위안부를 대신해 전범들을 고소하고, 미국의 가브리엘 맥도널드 등 국제법 전문가로 구성된 판사 6명이 고소장과 증언을 토대로 심리를 진행했다. 결과는 쇼와 천황 히로히토 및 10여 명의 전범 피고에게 유죄 판결을 내리고 종결되었다.

국가 법정이 아닌 민간 법정 형식이었기에 법적 구속력은 없었지만 쇼와 천황과 일본 정부를 전 세계인이 보는 앞에서 심판했다는 점에서 의미가 있었다. 비록 판결은 실효적 사죄, 배상으로 이루어지지는 못했지만 피해 여성들의 목소리를 들을 수 있는 계기였다. 피해 여성들은 차별과 소외, 경멸로부터 해방과 자기 회복의 길을 마련할 수 있었다.

이러한 광범위한 반인권 폭력 범죄는 가해자가 반성하고 사죄함으로써 끝날 수 있다. 독일은 아직도 나치 전범자를 찾아 엄벌하는 노력을 통해 스스로 단죄하고 반성하고 있다. 일본은 대규모 학살, 집단 강간 등 반인륜적 범죄자를 스스로 단죄하여 불행한 역사가 되풀이되지 않도록 해야 할 역사적 책무가 남아 있다.

4부

망국의 역사,
100년을 돌아보다

조선은 어떻게 몰락했는가

　폴란드 출신의 정치학자 브레진스키는 조국이 망하는 과정을 두 번이나 지켜보았다. 그 하나는 1939년 히틀러-스탈린 협정으로 독일과 소련에 의해 폴란드가 두 개로 나뉜 것이었고, 다른 하나는 1945년 승전국의 얄타 협정 이후 소련 위성국으로 전락한 사건이다.

　두 차례의 망국 체험을 통해 강대국의 본심과 약소국의 한계를 느낀 브레진스키는 망국의 원인을 국가 지도자의 어리석음 때문이라고 결론 내렸다. 우둔한 지도자, 우매한 국민은 나라를 지킬 수 없다. 인류사를 들여다보면 세계 질서는 힘센 나라에 의해 좌지우지되었다. 문제는 늘 힘이었다.

　한국도 마찬가지다. 강대국의 팽창과 견제, 강대국의 이해관계 속에서 국운이 결정되었다. 조국이 망하고, 갈라지고, 동족상잔의 비극적 전쟁으로 이어졌다. 분단되고, 황폐화되고, 처참하게 유린되었다.

120년 전 조선이 망할 당시 동북아시아의 국력 순위는 일본, 청, 조선이었다. 위안부 문제의 본질은 빼앗긴 나라였다는 것에서 비롯되었다는 점이다. 위안부 피해 할머니들의 끔찍한 고통과 피해, 그리고 오랜 정신적 트라우마를 초래한 원인 제공자는 누구인가. 일본군 위안부 그리고 그녀들을 위해 30년 동안 희생하며 기꺼이 활동해온 수많은 인권운동가, 역사학자들을 위해 국가는 무엇을 했는가. 문제는 국가다.

위안부 문제의 시초는 조선의 몰락과 폐망이다. 중국의 속방이었던 조선은 세계사에 어두웠던 이씨 왕조의 실정으로 스스로 몰락했다고 해도 과언이 아니다. 특히 영·정조 이후 100년은 국가가 어떻게 몰락하는지를 적나라하게 보여주는 한 편의 역사 드라마다. 조선은 전근대적 유교 통치 이념과 관습에서 벗어나지 못하고 당쟁과 외척들의 권력 다툼에서 100년의 세월을 허비했다.

잃어버린 100년은 조선 몰락의 근원이었다. 순조 이후 직계 왕손으로 이어지지 못하고 정통성을 잃은 왕조는 세도정치로 정치적 혼란이 초래되었다. 300년 일찍 개항한 일본은 난학을 중심으로 한 서학의 유입으로 국력을 키우고 있었지만 조선은 천주교 박해 등 서양 문물을 배척했다. 1852년에 태어난 고종과 일본의 메이지 천황을 비교하면 그 차이는 극명해진다.

부국강병을 국가 목표로 세운 메이지 천황은 서양의 기술과 문물을 받아들여 국가 제도를 재정비하고 통상과 산업 발전을 도모한다.

자강

군사력 증강에도 힘써 서양 열강들과 어깨를 나란히 할 정도로 국력 신장에 진력했다. 청일전쟁과 러일전쟁, 태평양전쟁을 치르며 일본 군은 750만 명의 군사력을 보유할 때 대한제국 고종의 군사력은 겨우 1만 명도 채 되지 못할 정도였다. 민비 시해사건도 제대로 대응하지 못할 정도로 조선의 국력은 허약했다. 고종은 청나라에 기대어 일본을 견제하려 했으나 청나라마저 일본에 패하면서 목숨을 부지하기 위해 러시아공사관으로 도망친다. 치졸한 지도자는 끝내 나라를 일본에 내어주고 부하들에게 죄를 뒤집어씌우고 자기 살길에만 매달렸다.

조선의 세도정치와 망국의 서막

　1789년 조선에서 정조가 수원 화성행궁을 건설할 때 미국에서는 초대 대통령 조지 워싱턴이 선출된다. 1800년 22대 왕 정조가 사망하고 순조가 왕에 오를 때 프랑스에서는 나폴레옹 황제가 등극한다.

　조선과 서구의 연대기를 비교하는 것은 우리를 제대로 알기 위해 필요하다.

　1789년 프랑스에서는 왕권에 대항해 평민들이 대혁명을 일으킨다. 7월 14일 도탄에 빠진 백성의 삶에 조금도 관심을 두지 않은 루이 16세를 무너뜨리기 위해 파리 민중들은 절대 권력의 상징인 바스티오 감옥을 습격한다. 그러곤 루이 16세 처형, 군주제 폐지, 국민공회 집권, 마리 앙뚜아네트 왕비 처형 등으로 혁명의 기치를 들고 자유, 평등, 박애의 메시지를 전 유럽에 퍼뜨린다.

이때 초급 장교 출신인 나폴레옹 보나파르트가 혜성처럼 등장한다. 코르시카섬의 평민 출신인 나폴레옹은 왕당파인 다른 장교들과 달리 왕실에 대한 충성심보다 오직 전쟁을 통해 강한 프랑스를 만드는 것에 관심이 있었다. 유럽 제패를 꿈꾼 그는 스페인, 이탈리아, 이집트 등에서 승전하고 하루아침에 프랑스의 영웅으로 떠오른다. 1799년 쿠데타를 일으킨 나폴레옹은 1800년 6월 오스트리아군과 겨룬 마렝고 전투에서 승리해 정치적 입지를 얻고 프랑스 황제에 오른다. 24세의 포병 중위에 불과했던 인물이 불과 11년 만인 35세에 황제로 등극하게 된 것이다.

역사적인 마렝고 전투는 100년 후 이탈리아 작곡가 푸치니에 의해 오페라 〈토스카〉로 극화되어 후대에 널리 알려진다. 공화주의자를 자처했던 베토벤은 나폴레옹의 영웅적 리더십에 감화되어 교향곡 3번 〈영웅〉을 작곡한다. 독일의 대문호 괴테는 1808년 오스트리아 비엔나에서 나폴레옹을 만났는데, 자신의 소설 『젊은 베르트르의 슬픔』을 읽고 평가하는 그의 지식과 교양에 매료되기도 했다.

나폴레옹은 영국을 손에 넣기 위해 프랑스 스페인 연합 함대를 구축해 1805년 10월 21일 트라팔가르 해전을 일으킨다. 하지만 영국 넬슨 제독의 뛰어난 지략에 대패하고 만다. 이 해전에서 이겼지만 유탄을 맞은 넬슨 장군은 "신에게 감사한다. 나의 의무를 다했다"라는 말을 남기고 전사한다.

나폴레옹은 1812년 6월에는 30만 명의 대군을 이끌고 러시아 원정길에 올라 전투 없이 모스크바를 점령한다. 하지만 러시아 알렉산

드르 황제는 계속 후퇴하며 코사크 기병들로 하여금 치고 빠지는 게릴라전을 구사해 나폴레옹군의 숨통을 조였다. 결국 나폴레옹은 상트페테르부르크 추격전에서 러시아의 매서운 한파에 못 이겨 퇴각을 결정하고 만다. 당시 프랑스 대군 30만 명 중 대부분은 얼어 죽고 굶어 죽어 겨우 5만 명만 살아 돌아왔다.

차이콥스키의 대표곡 〈1812년 서곡〉은 당시 나폴레옹 군에 대한 러시아의 승리를 기념하는 곡으로 1882년 러시아 승전 60주년을 기념하는 모스크바 박람회에서 초연되기도 했다.

러시아 원정의 패배로 제2의 로마제국을 꿈꾼 나폴레옹의 야심은 10년 만에 막을 내렸다. 1812년 나폴레옹은 황제 자리에서 물러나 엘바섬으로 유배된다. 하지만 곧 탈출해 병사를 모아 1815년 워털루 전쟁을 일으킨다. 그것도 프로이센 군대에 패배하면서 나폴레옹은 아프리카의 세인트헬레나섬에 유배되고 7년 후 사망한다.

태조 이성계가 명나라로부터 조선이라는 국호를 받아 나라를 건국한 후 마지막 순종에 이르기까지 27명의 왕들이 조선 왕조 5백 년을 이어갔다. 여기서 주목할 만한 왕은 정조다. 정조의 죽음이 조선 쇠락의 신호탄이었기 때문이다.

정조는 비운의 왕손 사도세자의 아들이자 영조의 손자로 온갖 난관을 뚫고 24세에 왕위에 올랐다. 진정한 위민 정치를 실현하기 위해 정조는 정치를 개혁하고 탕평책을 실시했다. 쇠락한 홍문관 대신 규장각을 설치하고, 각종 서적을 편찬하며 문예 부흥을 시도했다. 개혁과 통합의 목적은 백성들의 삶을 편안하게 하고 나라의 질서를 바로잡으려는 것이었다. 수원 화성 축조도 개혁을 통해 새로운 세상을 만들고자 했던 의지의 일단이었다. 당시 확산되고 있던 가톨릭 등의 서학을 존중하면서 이를 넘어서려면 오히려 정학(주자학)을 발전시켜야 한다고 보았다. 이런 치적들을 살펴보면 18세기 말 세계의 변화를 정조가 감지했던 게 아닐까 하는 의문이 든다. 조선의 부흥기를 짧게 이끈 개혁 군주였지만 49세에 갑작스레 죽음을 맞이하게 되고, 조선은 이내 몰락의 길을 간다.

정조가 집권했던 시기에 유럽은 계몽주의가 꽃피우고 있었다. 프랑스 대혁명이 일어나 민중들은 왕 루이 16세를 단두대에서 처형하고 1만 5천 명에 이르는 반혁명 귀족 세력을 제거한다. 왕정이 순식간에 무너지고 공화정이 시작되며 개인의 자유와 평등의 가치는 드높아졌다.

1800년 미국에서는 생명, 자유, 행복을 추구하는 천부의 권리가 국민에 있다는 미국 독립선언문이 공표되었다. 토마스 제퍼슨이 대통령으로 당선되었다.

영국은 18세기 중엽부터 산업혁명이 일어나 경제가 급격하게 성장하면서 부국으로 떠오르게 되고 곧 해외로 눈을 돌려 식민지 시장을 개척하기 시작한다. 인도와 스리랑카, 중국이 영국 제국주의의 희생양이 된다.

정조가 갑작스럽게 죽자 11세의 어린 순조가 왕위에 오른다. 이때부터 조선은 급격히 기울기 시작한다. 영조의 계비 정순왕후가 수렴청정을 시작해 1801년에는 신유박해 등 서학 탄압 정책으로 나라를 어지럽힌다.

중국인 신부 주문모는 정조의 유화 정책에 힘입어 양반 지식인층을 중심으로 1만여 명에 달하는 신도를 둘 정도로 성공적인 선교 활동을 해왔다. 하지만 정순왕후의 천주교 탄압으로 제동이 걸렸다. 유교 지배 원리로 다스려지는 조선에 천주교는 중대한 위협이었다. 서학을 근절하라는 금압령이 내려져 천주교도와 진보적 지식인들은 축출되었다. 주문모 신부, 이승훈을 비롯한 천주교도 100여 명이 처형되고, 정약용 등 400여 명이 유배되었다. 종교적 탄압이긴 했으나 정치적 반대파와 진보 세력을 제거하기 위한 목적이었다.

신유박해는 조선 쇄국과 서양 문명의 유입을 막는 계기로 작동하여 조선 멸망사 100년이 시작되는 지점이었다. 1804년 어린 순조의 친정이 시작되었지만 순조의 왕비 순원왕후의 아버지 김조순을 중심으로 안동 김씨 외척들의 세도정치가 횡행했다. 헌종 때는 풍양 조씨, 그다음 철종 때는 안동 김씨, 고종 때는 여흥 민씨가 실권을 장악하고 국가를 흔들었다. 왕의 족벌들은 인사권 장악, 뇌물 수수, 착취 등 부정부패를 일삼았다. 전정, 군정, 환곡의 삼정이 무너지고 정치가 본연의 기능을 수행하지 못하자 지역 탐관오리와 양반 토호 세력들은 농민들을 수탈하며 백성들의 삶을 도탄에 빠뜨렸다.

순조에서 헌종, 철종, 고종으로 이어지며 왕실의 난맥상이 펼쳐진 시기는 세계의 대전환기였다. 일본은 메이지 유신으로 근대화에 성공하며 막강한 군사력을 구축하여 조선에 대한 침략 준비를 차근차근 진행해나가는 시기였다. 국력을 다질 중요한 시기 60년을 조선은 왕실 세도정치로 허비하면서 총체적 난국에 떨어진다. 강력한 족벌 카르텔이 판쳤던 조선 말 100년의 세도정치로 정치는 타락하고 국운은 스러져갔다. 쇄국으로 세상의 변화에 어두웠던 왕과 세도정권은 권력 유지와 일신의 영달에만 골몰하다 스스로 자멸의 길에 빠져버렸다.

정조의 사망과 민란의 시작

갑작스러운 정조의 죽음으로 순조가 즉위한 후 조정의 혼란은 가중되었다. 세도 가문과 지방 탐관오리들의 수탈에 못 이긴 민중들의 분노는 극에 달했다. 백성들은 당시 유행했던 『정감록』이 예언한 새로운 세상에 대한 기대와 희망으로 왕조의 전복을 꿈꾸었다. 지방 관리의 수탈과 중앙 관리들의 매관매직이 심화되면서 백성들의 저항 의지는 크고 높았다.

그 선봉장에 선 인물이 홍경래였다. 1811년 평안도 지방 평민 출신인 홍경래는 평안도 지역 차별에 분개하며 농민, 상인 등을 규합하여 민란을 일으켰다. 8개 고을을 모두 점령하기도 했으나 지도층의 내분과 관군의 반격으로 4개월 만에 무력화되었다. 주된 실패 요인은 민중들을 하나로 모을 만한 개혁안을 제시하지 못한 이념과 대안의 부재였다. 홍경래의 난은 전국적 농민 반란이 일어나는 데 큰 영향을 미쳤다.

순조, 철종 시대에 백성들의 삶은 도탄에 빠져 있었다. 계속되는 흉년으로 인한 기근, 농민들의 절대 빈곤이 민란의 원인이었지만 신흥 종교의 출현, 천주교 교리에 따른 평등과 자유 사상의 확대 등 새로운 세상에 대한 백성들의 자각이 큰 원인이기도 했다.

1800년대 조선에는 크고 작은 민란이 130여 차례나 일어났다. 1862년 철종 13년에는 무려 37건의 민란이 전국에서 발생했다. 조선의 몰락은 예견된 일이었고, 조선의 군주와 지도층은 나라의 명운을 지켜내는 노력은 하지 않았다.

진주 농민 봉기로 시작된 1862년의 임술민란은 삼정의 폐단을 바로잡으라는 요구였다. 국가 재정을 충당하는 토지세(전정), 군역세(군정), 환곡세(환정)를 착복, 편법 및 과다 징수, 부당 이익을 취하는 부정부패가 만연했다. 수탈의 행태가 날로 심화되자 전국적으로 집단 저항 운동이 확산되었다. 그러나 구심점 없이 산발적으로 일어나면서 범국가적 봉기가 되지는 못했다.

1860년 최제우가 유·불·선 사상을 결합하여 인내천 즉 '사람이 곧 하늘'이라는 동학을 창제하면서 민중 혁명의 불씨가 다시 살아났다. 새로운 세상을 갈구해온 농민들은 드디어 평등 사상을 바탕으로 양반 중심의 봉건 사회를 철폐하고 외세의 확산을 막아야 한다는 반봉건·반외세 운동으로 기치를 들었다.

조선 군주와 세도정치 세력, 지방 토호들은 동학을 사교(邪敎)라

자강

며 탄압했다. 급기야 1864년 혹세무민(惑世誣民)의 죄로 교주 최제우를 처형했다. 그러나 2대 교주 최시형에 의해 더욱 확산되고 조직화되면서 1894년 동학농민운동으로 다시 불타올랐다.

동학교도들은 고종 31년이던 1894년 1월 전라도 고부군수 조병갑의 수탈에 저항하는 고부민란을 일으켰다. 3월에는 전봉준을 중심으로 전라도, 충청도 일대 수천 명의 농민들과 함께 관군에 대항하여 삼남 지방을 접수하고 전주성을 탈환했다. 위기를 느낀 고종은 청나라에 원군을 요청하기에 이르고 그해 5월 청나라 군대가 아산만으로 들어왔다. 청나라가 조선에 들어오자 톈진조약을 근거로 일본군도 즉시 조선으로 침투했다.

조선의 몰락과 한반도의 비극은 본격화되기 시작했다. 고종의 청병과 함께 조선의 예속적 치정은 가속화되었다. 백성이 일으킨 민란을 진압하기 위해 외세를 끌어들인 한심한 지도자와 국제 조약이 뭔지도 모르는 무지한 지도층은 자신들도 몰락의 길로 들어섰다는 것을 몰랐다. 여우가 소 잡으려고 늑대를 불러들인 꼴이었다.

오랫동안 대륙 침략을 위해 부국강병에 힘썼던 일본은 청나라를 압도할 만한 군비를 갖추고 있었다. 일본은 그해 6월 청의 조종을 받고 있던 친청 내각을 접수하고 개화파 김홍집을 중심으로 친일 내각을 구성했다. 그리고 아산만 풍도에 정박해 있는 청나라 함대를 공격하면서 청일전쟁을 일으켰다.

나라의 명운을 걱정한 전봉준은 9월 삼례에서 봉기하여 전국적 구국 운동으로 확산하기 위해 동학농민군을 이끌고 한양으로 향했다. 조선 관군이 동학군에 밀리자 조정은 일본군에 출병을 요구했다. 조선 관군과 일본군이 합세한 연합군은 공주 부근 우금치 전투에서 동학농민군을 궤멸시켰다. 전봉준을 비롯한 동학교도 지도부는 대부분 체포되어 교수형에 처해져 결국 동학농민운동은 실패로 끝났다. 이렇게 고종과 지도층은 외세에 의존해 백성들을 죽음으로 몰고 자신과 나라를 외세의 꼭두각시로 만들었다.

저항과 풍자의 시인, 김삿갓

　우리는 흔히 김삿갓을 방랑 시인 그리고 풍자와 해학이 넘치는 시를 남긴 기행 시인쯤으로 알고 있다. 삿갓을 쓰고 다녔기에 김삿갓 또는 김립(金笠)이라고도 한다. 본명이 김병연(金炳淵, 1807~1863)인 김삿갓이 5세 때인 1811년(순조 11) 11월에 홍경래의 난이 일어났다. 서북 사람은 중용하지 말라는 차별 정책에 격분하여 평안도 용강에서 봉기한 것이다.

　김병연은 평안도 선천 방어사로 있던 조부 김익순이 홍경래 측 반군에 잡혀 항복 투항한 죄로 조선 조정에 의해 처형을 당한다. 이후 폐족으로 전락하며 곡산의 노비 집에 숨어 살던 김병연은 강원도 영월에 정착하여 학업에 몰두했다. 20세에 결혼하여 과거를 보려 했으나 부패한 과거 제도에 실망을 느끼고 25세에 방랑의 길에 들어선다. 무려 30년이 넘는 긴 세월을 길에서 보냈다.

그의 시는 인간의 삶과 현실을 담고 있다. 서민들과 함께하면서 날카로운 풍자로 관료, 양반 사회를 희롱하고, 재치와 해악으로 백성들의 애환을 담았다. 그의 비평과 풍자는 계급 사회의 몰락과 모순, 양반·관료 사회의 병폐, 봉건 사회의 폐단과 제도를 비웃고 질타했다.

특히 빈부격차가 심한 조선 사회의 불합리를 비판하고 양반 귀족의 불의, 거만, 허례허식을 증오했다. 여기저기서 빌어먹으며 팔도강산을 두루 방랑한 권문세가 출신의 걸인은 시대의 암울함과 의분을 토했다.

김삿갓의 문장은 100년 후 있을 조선 멸망을 예견하는 듯하다. 그의 문학은 양반 세도가의 착취에 신음하는 민중의 현실과 고통받는 피지배 계급에 대한 애틋함을 담고 있다. 봉건 제도에 대한 반항적이고 투쟁적인 문학 운동의 시초였다고 할 수 있다.

그의 풍자와 해학은 불행한 백성에 대한 동정과 연민의 표현이었고 변형된 투쟁의 방법이었다. 그의 사상의 가장 근본적인 바탕은 의분과 정의감에 기초한 반항 정신과 실사구시로 나타난 인도주의였다. 자유분방함 속에 풍부한 유머, 반항적 서사, 주유천하 기행은 당대의 천재적 예술인이자 최초의 근대적 문학인이라 해도 과언이 아니다. 시대를 뛰어넘는 삶과 글은 평민은 물론 학식 있는 양반들조차 음미하고 사랑했다.

그는 당시 사회적 질서와 전통은 물론이고 문학의 형식을 대담하게 파괴했다. 양반 사대부의 전유물이었던 글과 시를 평민들도 쉽게 이해하고 향유할 수 있도록 표현했다. 사실주의 문학에 가까운 형태였다. 통속적인 파격, 언문 형식, 해학과 은유적 표현 등은 후대의 창가, 자유시 형식의 근간이 되었으며 19세기 민중 문학의 뿌리가 되었다.

그의 시에는 평등과 자유사상이 깃들어 있다. 빈부 격차가 없는 사회의 구현, 억압받는 민중의 목소리를 대변한다. 권력자들의 위세와 허영, 추악함을 들춰내며, 위정자의 가식, 잘못된 도덕과 인습, 낡은 전통 등을 뼈 있는 익살과 비유, 꾸밈없는 감정으로 표현했다. 때로는 신랄하게, 때로는 간접적이고 완곡한 화법으로 풀어냈다. 해박한 지식, 예민한 관찰과 심오한 착상, 미묘한 감정 표현, 간결하면서도 기발한 비유는 매우 현대적이다. 계급 제도와 봉건 정치 체제를 부정하는 프랑스 혁명 사상을 희미하게나 알고 있었는지도 모를 일이다.

나이 57세에 그는 전라도 땅에서 눈을 감으며 위대했던 유랑 생활에 종지부를 찍는다. 그의 유해는 그가 어린 시절 살았던 영월 와석리에 묻혔다. 조선 지배층의 부조리와 부패를 풍자하며 고귀한 저항 정신을 문학으로 남긴 조선 최초의 민중 시인 김삿갓, 혹자는 그를 이백에 필적하는 시선(詩仙)으로, 그의 인생은 두보(杜甫)만큼이나 불우했던 천재 시인이라 평가한다.

천주교 100년의 수난

　조선 왕조는 숭유억불 정책을 펴며 주자성리학을 국가의 통치 이념으로 삼았다. 중국에서 유래한 도교나 불교도 억압 대상이었으며, 서구에서 유입된 천주교는 서교라 하여 극심하게 탄압했다. 1791년의 신해박해, 1801년의 신유박해, 1839년의 기해박해, 1846년의 병오박해로 이어지는 천주교 박해는 조선 사회에 큰 혼란과 재앙을 초래했다.

　천주교는 서양의 문화와 과학기술, 서구 사상이 들어올 수 있는 경로였기에 사회 변혁의 기폭제였다. 당시 조선 지배층은 붕당의 관직 독점, 매관매직, 탐관오리의 수탈이 횡횡해 양반과 평민들은 천주교를 통해 체제 붕괴와 민중 혁명을 꾀했다. 당연히 지배층은 확산되는 천주교를 가만히 둘 수 없었다.

1791년에 일어난 신해박해는 천주교 신자였던 윤지충과 그의 외사촌 권상연을 처형한 사건이다. 윤지충이 모친상을 당하고도 신주를 불태우며 제사를 지내지 않자 엄청난 사회적 파장이 일었고, 결국 주자성리학 질서를 부정하는 행위라 하여 처형되었다.

1801년의 신유박해는 천주교 신자 100명이 처형되고 4000명이 유배된 사건이다. 천주교에 관대했던 정조가 죽고 순조가 즉위하면서 대리청정하게 된 정순왕후가 천주교를 사교(邪敎)라 하여 금압령을 내렸다. 집권한 노론 세력이 반대파인 남인과 진보적 사상가를 제거하려던 목적이었다. 초기 교회의 지도자였던 이승훈과 정약종, 최창현, 중국인 신부 주문모 등이 사형되고 정약전과 정약용은 유배되었다. 당시 신도가 1만 명으로 늘어날 정도로 교세가 확장되던 시기라 살아남은 교인들은 산간벽지로 숨어들어 전국적으로 신앙을 확산했다. 농민과 가난한 서민층이 주축이 되다 보니 천주교의 개혁적 색채는 옅어지고 현실 도피적, 내세 구원적 신앙으로 변화해 갔다.

이후 1815년 을해박해, 1827년 정해박해를 거쳐 1839년 기해박해가 일어난다. 천주교를 배척하기 위한 것이었지만 풍양 조씨가 천주교도가 많았던 안동 김씨의 권력을 빼앗으려는 수작이었다. 기해박해로 정하상, 유진길 등 100여 명이 처형되고 주교 앵베르를 비롯하여 모방, 샤스탕 신부가 참수되었다. 기해박해 당시 참수된 모방 신부의 발탁으로 파리외방전교회로 유학한 김대건이 부제가 되고 1845년 상하이에서 페레올 신부에게 신품성사를 받았다. 그는 우리나라 최초로 로마 가톨릭교회 사제가 되어 10년 만에 귀국했다.

1846년에 일어난 병오박해는 신부 김대건을 국가반란죄로 참수한 사건이다. 해외에서 선교 활동을 펼치고 돌아온 김대건은 박해로 타격을 받은 천주교회를 재건하고 전교 활동을 펼쳤다. 당시는 통상을 요구하는 프랑스 함대가 조선에 출몰하던 시기였고, 김대건 신부가 이와 관련되어 있다고 보고 처형을 감행했다. 그의 나이 25세였다. 이 사건으로 서양인 성직자 3명과 100명이 넘는 천주교도가 처형되었다.

1858년 5월 러시아는 청나라가 태평천국의 난과 제2차 아편전쟁을 겪고 있는 틈을 타 청나라와 흑룡강성 북쪽 아이훈에서 아이훈조약을 맺었다. 러시아는 연해주 지방과 부동항 블라디보스토크를 차지하며 동방 진출의 교두보를 확보하게 되었다.

흥선대원군은 러시아의 세력 확장과 통상 요구, 그리고 영불 연합군의 북경 침공 소식을 듣고 위기의식을 갖던 차에 외세를 물리쳐야 한다는 위정척사를 주장하는 수구 유림 세력들의 압력을 받아들여 1866년 천주교를 극렬하게 탄압한다. 그 결과 1866년부터 1871년까지 네 차례에 걸쳐 베르뇌와 다블뤼 등 프랑스 선교사 9명을 비롯하여 남종삼, 정의배 등 천주교인 8천여 명이 학살되었다.

이에 프랑스 신부 리델은 7월 청나라 텐진으로 가서 프랑스 함대 사령관 로즈에게 구원을 요청하게 되고, 프랑스 함대는 강화도에 침투하여 보복 전쟁을 벌인다. 흥선대원군은 "화친을 하는 것은 나라를 파는 것이며, 교역을 허락한다면 나라를 망하게 하는 것이며, 적을 피해 달아나는 것은 나라를 위태롭게 하는 것"이라며 항전을 선

언했다. 결국 프랑스 함대에 의해 강화도가 함락되기도 했다. 당시 강화도 정족산성과 문수산성에서는 수많은 주민과 관군이 피해를 입었다. 조선군의 거센 저항으로 100여 명의 사상자를 낸 프랑스군은 40여 일 만에 철수한다. 이 사건이 병인양요이다. 이로 인해 강화 행궁이 불타고, 프랑스군은 조선 의궤, 외규장각 도서 수백 권, 군기 등을 약탈해 갔다.

그해 3월 흥선대원군의 병인박해를 전해 들은 영국 출신 로버트 토마스 목사는 선교를 위해 7월에 미국 상선 제너럴셔먼호를 타고 대동강을 거슬러 평양 가까이 온다. 이때 평양감사 박규수가 이끄는 조선 관군과 교전을 벌이게 되고, 배가 불타 토마스 목사를 비롯한 19명의 선원 전원이 몰살한다. 당시 토마스 목사의 나이는 26세로 한국 개신교 최초의 순교자로 기록되었다.

이들 사건을 계기로 흥선대원군은 쇄국정책을 더욱 강화하기 시작했고, 조선의 근대화는 멀어졌다.

흥선대원군의 폭정

　흥선대원군 이하응은 세계 대변혁 시대에 나라의 길을 제시할 만한 예지력이 없었다. 조선 말 세도정권하에서 권력이 없었던 그에게 철종이 죽자 인생 역전의 기회가 왔다. 순조의 비인 조대비와 안동 김씨 세력은 주변 권력이 미미한 이하응의 아들 고종을 조선 26대 왕으로 추대했다. 이하응의 둘째아들 이명복으로 당시 12세였다.

　이하응은 대원군으로 추존되며 최악의 10년 집정 시대를 열었다. 그가 일본의 후쿠자와 유키치처럼 유럽과 미국을 알았더라면, 최소한 중국이라도 몇 번 다녀왔더라면 세상의 변화를 감지했을 것이다. 흥선대원군은 우물 안 개구리였다. 궁도령, 파락호, 상갓집 개 취급을 당했던 이씨 왕가의 정치 건달이었다.

　그는 조대비의 뜻에 따라 안동 김씨 세력과 유림들의 권력을 제압했다. 1864년 44세 나이에 섭정을 위해 입궐하자 임술민란을 시작으로 농민들의 조직적인 반란이 동학농민운동으로 이어졌다. 지방 관리들의 삼정문란에 저항하는 농민운동은 전국적으로 확산되고 있었다. 그는 동학을 천주교 일파로 몰아 사도난정(邪道亂正)이라는 죄목으로 동학교조인 최제우를 참형했다. 그 후 30년 뒤에 동학농민운동이 일어난다.

당시 일본은 막부 말기로 이케다야 사건이 일어나고 메이지 유신이 잉태되고 있었다. 흥선대원군은 왕권 강화를 위해 경복궁 중건 사업을 무리하게 추진했다. 비용을 충당하기 위해 각종 세금과 당백전, 청국소전 등의 화폐를 발행하여 물가가 폭등하고 백성들의 생활은 더욱 피폐해졌다. 중앙집권을 강화하기 위해 만동묘을 철폐하고 지방 정치 세력의 근거지인 수백 개의 서원을 철폐하여 우민정책을 강화했다. 부패 권력을 척결하고 민생을 안정시키기 위한 정책도 폈다. 부패 관리를 내몰고, 당파를 초월해 인재를 등용했으며, 조세를 개혁하고, 양반들에게도 세금을 거두었다. 왕권 회복을 위해 비대해진 양반 관료제도를 약화시킴으로써 유림들의 불만은 날로 높아갔다.

18세기 후반부터 서구는 산업혁명으로 국부를 축적해 서세동점의 기세가 몰려들고 있었다. 국제 정세 변화를 외면한 흥선대원군은 새로운 사상과 학문이 왕권을 무너뜨릴까 경계하여 서학으로 불리던 천주교를 대대적으로 박해했다. 그의 견고한 쇄국정책은 오히려 병인양요, 신미양요 등 외세의 침공을 더욱 촉발했다.

흥선대원군과 같은 강력한 지도자가 세상의 변화를 알아차리고

조선의 개혁 개방 정책을 추진했더라면 근대화를 이루어 식민 시대를 겪지 않았을지도 모른다. 청나라의 정치가 량치차오는 흥선대원군을 다음과 같이 묘사했다.

"술수와 모략 꾸미기를 잘하나 대세를 알지 못하며, 일을 만들기는 좋아하나 일정한 계획이 없다. 그리고 성질이 잔혹하고 교만하며 속마음은 유약하고 시기가 많다. …… 일본이 조선을 노려보고 있는데 엉뚱하게 경복궁 증축이나 해서 재정을 궁핍하게 하고 천주교도가 10만이 넘는데 그들을 1만 명이나 죽였다. 이처럼 목전의 적들 앞에서 백성의 뜻을 하나로 묶어야 할 때, 도리어 백성들이 고개를 돌리게 만들었다. 엉뚱한 일에 국력을 낭비하느라 나라가 나아갈 바를 제대로 잡지 못한 채 갈팡질팡했다."

조선인의 민족성을 색안경을 끼고 본 오만한 정치가의 시선이긴 하지만 흥선대원군의 일면을 어느 정도는 간파하고 있다.

결국 흥선대원군은 서원 철폐 등을 비판한 최익현 등 유림들과 고종, 민비의 계책에 의해 10년간 유지한 권좌에서 물러나야 했다. 1873년 고종 친정 이후 집권 세력은 민비와 민씨 척족 세력 중심으로 재편되었다. 흥선대원군은 1882년 임오군란으로 잠시 권력을 잡는 듯했으나 민비가 청나라에 군을 요청하면서 청군에 잡혀 톈진으로 끌려가는 치욕을 겪는다.

그는 1894년 청일전쟁 이후 3년 만에 중국 유배 생활을 마치고 1895년 귀국했다. 이후 갑오개혁 때 잠시 등장하여 민비시해사건 이후까지 개혁 정권에 관여하였으나 고종이 러시아공사관으로 피신한 후 친러파가 등장하며 다시 축출되었다. 외척 세력을 봉쇄하려다 오히려 외척 세력에 쫓겨나는 처지가 되었다. 평생을 권력에 탐닉했던 그는 강력한 조선을 이루고자 했던 정치적 야망을 이루지 못하고 1898년 78세의 일기로 사망했다. 스러져가는 조선을 바라보며 34년의 파란만장한 정치 인생을 마감한 것이다.

1852년생 고종과 메이지

1852년은 아이러니한 해이다. 고종과 메이지 천황이 탄생한 해이기 때문이다. 사실상 조선의 마지막 왕이자 망국의 책임자인 고종. 메이지 유신을 확립하고 조선을 병합한 메이지 천황. 또 다른 아이러니는 비슷한 시기에 왕에 올라 한 군주는 나라를 몰락하게 만들고, 다른 한 군주는 나라를 막강하게 만들었다는 사실이다.

조선이 고종의 실정으로 하루아침에 망한 것은 아니다. 정조 사후 순조부터 시작된 100년의 세도정권이 시대에 뒤떨어지는 주자성리학이라는 통치철학과 쇄국 정책을 펴면서 조선은 병들기 시작했다. 이씨 왕조라는 벌열 정권을 유지하기 위해 중국에 의존하며 구국애민을 위한 개혁에는 어떤 노력도 하지 않았다. 왕족, 왕좌의 영위와 권좌의 사대부, 척족들은 세계정세에는 관심도 없었다. 권력 유지에만 눈이 멀어 기층 민중, 농민들의 피를 빨아먹고 살았다.

18세기 말 조선은 나라라고도 할 수 없을 만큼 허약했다. 조선은 고종과 그의 아버지인 흥선대원군이 말아먹었다고 할 만큼 책임이 크다. 고종의 부인이자 흥선대원군의 며느리인 민비와 시아버지의 권력 다툼을 원인으로 몰아 고종의 책임을 약화시키는 관점도 온당치 않다. 또한 망국의 책임을 이완용을 비롯한 을사오적으로 몰고 가는 것도 옳지 않다. 당시에는 왕에 대한 맹목적 충성이 유교의 지배 원리였기 때문이다.

고종은 인품이나 식견, 당시의 권력 구조가 어찌 됐던 조선 망국의 최고 책임자다. 고종은 영조의 현손이었던 대원군 이하응의 둘째 아들로 철종이 33세의 나이에 후사 없이 죽자 1864년 1월 12세의 어린 나이로 왕위에 올랐다. 10년간은 아버지 대원군이 실권을 쥐고 국정을 이끌었다. 격동의 시기에 흥선대원군은 세상 변화에 무지했다. 오로지 권력과 정권 유지에만 집착해 아들과 며느리와 갈등하면서 나라의 존망을 돌보지 않았다.

22세에 국정을 맡은 고종은 그 후 1907년 7월까지 33년간 조선을 이끈 영조 이후 최장기 군주였다. 정치력과 국제 감각이 없고, 용기와 결단도 부족한 유약한 왕이었다. 동학농민운동이 일어나자 청나라에 도움을 요청한 것은 그의 실정 중의 최대 실정이다. 동학농민운동으로 촉발된 청일전쟁이 일본의 승리로 끝나자 일본은 시모노세키조약을 통해 청나라로부터 거액의 배상과 타이완, 요동반도까지 차지하는 완벽한 승전국으로 우뚝 섰다. 이것은 수천 년간 이어져온 중국 중심의 동아시아 패권이 처음으로 일본으로 넘어가는 충격적이고도 세계사적인 사건이다. 이후 일본은 아시아의 최강국으로 세계열강에 합류하였다.

사실상 조선은 일본의 손아귀에 완전하게 장악될 처지였다. 작은 나라가 큰 나라에 대항할 수 없다는 논리로 위화도 회군을 감행하여 조선이라는 국호를 명나라 황제로부터 받은 이래 5백 년 동안 중국의 속방으로 국체를 유지해온 조선의 왕과 군신들은 세계사적 변화에 무지몽매했다.

한편 일본은 러시아, 프랑스, 독일의 이른바 '삼국간섭'으로 피 흘려 얻은 요동반도를 반환하게 되자 청일전쟁에 참전했던 100여 명의 일본군 장교와 사병이 자결하는 소요가 일어났다. 그러자 조선 조정은 러시아의 힘을 과대평가하여 러시아에 의탁하려는 움직임을 보였다. 이후 조선 조정 내에서 친일 세력을 제거하려는 움직임이 일자 이를 막기 위해 일본 내각의 수뇌부는 음모를 꾸민다. 당시 러시아공사관 통역관 앙투와네트 손탁과 절친했던 민비를 시해하려는 계획을 비밀리에 세운 것이다.

일본은 사무라이 출신의 미우라 고로를 조선공사로 보내 조선 내 친일 개화파들을 포섭하고 구마모토 출신의 사무라이 일당의 손을 빌려 을미사변을 일으켰다. 조선의 국모는 일본의 자객들 손에 무참히 살해된다. 을미사변에 대항하여 제천 등지에서 조선 의병이 일어나기는 하였으나 관련자 48명을 형식적으로 재판에 회부하는 것으로 종결되었다.

고종은 자신의 처가 살해되는 피눈물 나는 참변을 당하고도 아무런 대응도 하지 못한 채 궁중에 은둔했다. 그렇게 자기 살길만 찾다가 신변에 위험을 느끼자 민비 시해 4개월 뒤인 1896년 2월 11일 러시아공사관으로 피신했다. 이후 10년간 조선은 러시아의 영향력 아래 놓이게 되며, 러일전쟁의 불씨는 타오르기 시작했다.

망국의 고종과 부국의 메이지

고종과 달리 메이지 천황은 일본 근대화를 이룬 영명한 군주로 추앙받는 인물이다. 1867년 11월 122대 천황으로 즉위해 한국강제 병합 직후 사망할 때까지 45년간 재위했다. 동년배 고종은 그보다 7년을 더 살았다. 메이지 천황은 일본을 세계열강과 겨룰 수 있을 만큼 대등한 제국의 기틀을 마련했다. 청일전쟁, 러일전쟁을 승리로 이끌며 조선을 일본의 식민지로 만들었다.

메이지 천황은 즉위 직후 구습을 타파하고 선진 문물을 받아들여 일본을 부흥하겠다는 5개조 선언문을 발표했다. 황거의 본거지는 교토에서 에도(도쿄)로 옮겨졌고 일세일원의 원호는 게이오에서 메이지로 바뀌었다. 대정봉환, 왕정복고, 메이지 유신을 거치면서 국력은 강화되었다.

또한 봉건제도를 타파하기 위해 번을 폐지하고 현으로 행정구역을 개편하고, 봉건 영주 다이묘들의 영토와 영민을 빼앗아 정부가 직접 관리했다. 칼을 휴대하는 것을 금지하는 폐도령을 내려 260년간 유지해온 사무라이의 신분를 해체하고 신분제를 개혁했다. 평민들을 위해 교육기관을 대대적으로 설립하고 서양의 문물을 배우기 위해 서양 문명 시찰단과 많은 유학생들을 파견했다. 선진 문물을 배워 온 유학생들을 정부가 직접 관리해 일본의 근대화와 부국강병에 활용했다.

메이지 천황은 자유민권운동이 일어나자 국회를 개설하기 위한 법을 제정하고 1882년 군제를 서양식으로 개편하여 군비 증강에 박차를 가했다. 1889년에는 내각제가 채택되고 이토 히로부미가 초안한 대일본 제국헌법이 공포되어 천황제를 중심으로 한 국가 체제가 완성되었다.

메이지 천황은 1879년 독립국이었던 류큐 왕국을 오키나와 현으로 편입시키고 청일전쟁, 러일전쟁, 한국강제병합에 이어 만주와 중국 본토까지 팽창 정책을 폈다. 이 과정에서 일본 국민으로부터 절대적인 지지를 받았으나 1912년 7월 지병이 약화되어 61세로 사망했다. 그의 장례식이 거행되는 날 육군대장 출신의 노기 마레스케 부부가 천황의 사진 아래에서 유서를 남기고 자살했다. 노기 장군은 러일전쟁에 참전한 장군으로 전장에 3개의 관을 준비해놓고 두 아들과 함께 죽기를 각오하고 싸운 인물이다. 그는 일본 무사도 정신이 강한 인물로 지금까지도 일본인들에게 존경받는다. 한국강제병합 후에는 서울 남산에 조선신궁과 함께 노기신사도 만들어졌다. 메이지 천황의 생일인 11월 3일은 국가 경축일이 되어 자유와 평화를 기리는 문화의 날로 둔갑했다.

　같은 나이였던 고종은 메이지 천황보다 4년 먼저 왕위에 올라 메이지 천황보다 7년을 더 살았고 재위 기간도 44년으로 비슷했으나 국가 지도자로서의 삶은 완전히 달랐다. 고종은 조선 임금으로서도 장수한 왕이었다. 민비 외에도 7명의 귀인, 4명의 후궁, 11명의 첩 등 총 33명의 부인을 두었고 아들 9명과 딸 4명을 얻었다. 장남 순종은 후손이 없었지만 차남 의친왕은 15명의 부인에게서 21명의 자식을 두었다. 고종의 장손자 이건은 일본 여인과 결혼하였으며, 차손 이우는 일본군 장교가 되었다. 메이지 천황은 조선을 빼앗고 당당하게 살았지만, 고종은 조국을 빼앗기고도 12년간 일제의 비호 아래 호의호식하며 비굴하게 살았다.

근대화와 조선의 운명

　홍선대원군의 쇄국 시대는 고종이 정권을 잡으며 개국 시대로 넘어간다. 그 신호탄이 1876년에 체결한 강화도 조약, 즉 조일수호조규이다. 이로써 외국과 최초로 공식적인 통상 관계를 맺는다.

　쇄국 정책을 고수했던 조선은 이제 일본의 강요에 따라 문호를 개방할 수밖에 없었다. 과거의 조선 통신사 역할을 하는 수신사가 일본 방문 사절단으로 나가게 되었다. 제1차 방문은 1876년 4월 예조참의 김기수를 정사로 76명의 수신 사절단이 약 2개월간 일본에 체류하며 근대화된 일본의 각종 시설과 군사, 정치, 경제, 행정 등을 돌아보았다. 고종과 지배층 관료들에게는 근대화의 필요성과 국제 정세를 엿볼 수 있는 기회였다. 1880년에는 제2차 수신사 일행이 김홍집을 정사로 강위, 지석영 등이 파견되었고, 일본의 메이지 유신

과 발전상을 보고 개화의 필요성을 강하게 품게 되었다

1880년 수신사 김홍집은 청나라 주일 외교관 황준원이 쓴 보고서 「조선 책략」을 고종에게 소개했다. 세계정세에 밝은 황준원은 고종과 신하들에게 국제 정세와 개방 개혁의 중요성을 알려주고자 했다. 러·일·청이 한반도를 놓고 각축전을 벌이는 상황에서 미국, 영국 등 서구와의 수호통상조약을 맺어 상호 견제하고자 하는 의도가 있었다. 특히 세계 무역을 받아들이고 산업 기술을 발전시켜 부국강병을 꾀해야 한다고 조언했다.

「조선 책략」은 고종을 비롯한 조선 관리와 양반 사회에 큰 충격을 주었다. 그러나 반근대 사상에 젖어 있는 토착 수구 유림 세력들은 고종의 개방 정책에 반기를 들어 척사상소를 울리며 개화 세력을 공격했다. 조선 조정은 1881년 1월 박정현, 어윤중, 홍영식 등 젊은 관료를 중심으로 한 38명의 사절단을 일본에 파견하여 일본의 메이지 유신을 배워 오게 했다. 청나라에도 근대식 무기 제조와 군사 제도를 습득하기 위해 영선사를 파견했다.

황준원은 김홍집에게 중국과 일본이 개혁 개방을 추진하고 있으니 대외 방어에 자신이 없으면 개방을 추진하되 중국을 등에 없고 일본과 협력하고 미국과도 수호 조약을 맺어 러시아의 남진에 대비해야 한다는 조언을 주었다. 「조선 책략」에서 가장 주목되는 것은 러시아의 남진에 대비하여 친(親)중국, 결(結)일본, 연(聯)미국으로 조선의 자강을 도모해야 한다는 권고였다. 나아가 영국, 프랑스, 독일, 이탈리아 등과도 평등한 수교 조약을 통해 문호를 개방할 것을 촉구했다. 특히 미국은 다른 서방국과 달리 강대, 공명, 정의의 나라로 산업, 무역, 기술 진흥을 위해 수호 통상 조약을 맺어야 하며, 다른 서방국들과도 점진적으로 통상 조약을 맺을 것을 권고했다. 그후 조선은 1882년 서구 국가 최초로 미국과 조약을 체결해 교류를 시작했다. 이때까지만 해도 조선은 스스로 자주 자강할 수 있는 기회가 있었다.

하지만 이런 기회를 수포로 만든 사건이 발생했다. 바로 임오군란이다. 위정척사의 중심인 흥선대원군 세력과 국내 유림 세력이 고종의 개방 개혁 정책에 반기를 들고 반란을 일으킨 것이다. 반란군은 별기군을 창설하고 차별 대우에 불만을 품은 구식 군대와 결탁했다. 쇄국 정책을 펴야 한다는 주장과 함께 기독교 배척, 개화파 김홍집 문책 등을 내세우며 고종과 민비를 위협했다. 고종은 당시 통리기무아문 신설, 신사 유람단, 영선사와 수신사 파견 등 서구의 선진 문물을 받아들이는 개혁 개방 정책을 추진하려 했지만 또 한 번 좌절되고 말았다. 하지만 반란군을 막기 위해 또다시 청나라 군대를 불러들이는 바람에 자립 자강의 길은 수포로 돌아갔다. 임오군란은 1884년 김옥균 등 신진 개화파들이 보수 세력에 대항해 일어난 갑신정변의 동인이 되었다. 청나라 군대의 개입으로 인해 조선은 마지막 자주의 기회를 잃으며 청·일·러의 각축전은 되레 심화되었다.

갑신정변과 청년 지사들

1884년(고종 21) 12월 조선의 젊은 지도자들이 일으킨 조선 최초의 정치 변혁 시도 사건을 역사학계는 '갑신정변'이라 한다. 개혁 개방을 통해 새로운 선진 정치 모델을 만들고자 했던 엘리트 청년들의 변혁 혁명이라고 할 수 있다.

수구 세력이 불러들인 청나라 군대와 고종의 변심으로 혁명은 좌절됐지만 '3일 천하'라는 비아냥은 옳지 않다. 1876년 강화도 조약에는 "조선은 자주국으로서 평등한 권리를 갖는다"라고 명시되어 있다.

독립 정신에 눈뜬 청년 지도자들은 조선의 자주독립과 개혁을 위해 고심해왔다. 급진 개혁파였던 이들은 대한민국 독립의 뿌리가 된 우국 독립지사였다. 이들의 거사가 성공했더라면 일본 식민지로 전락하거나 조선이 망국의 길을 가지 않았을 것이다. 사실상 조선 최초의 혁명이 좌절된 뼈아픈 역사였다.

갑신정변의 불씨는 임오군란이었다. 임오군란으로 민비의 오빠 민경호가 살해되고 홍선대원군에게 정권을 내준 민비는 충주 장호원으로 피난했다. 민비와 척족들이 청나라 군대를 불러들여 자국의 군란을 제압하며 3천여 명의 청군이 한양에 진주했다. 청국의 위안스카이가 조선 병권을 장악하고 무소불위의 권력을 행사하기 시작했다. 고종의 아버지이자 민비의 시아버지인 대원군은 반역죄인으로 청군에 체포되어 톈진으로 끌려가는 수모를 겪어야 했다.

임오군란이 평정된 직후 1882년 8월 청나라는 조청무역장정이라는 불평등 조약을 조선에 강요했다. 조선의 고종과 청의 북양대신 이홍장이 대등한 지위이며, 조선이 청의 속국임을 명시했다. 그해 5월 청의 권유로 조미통상수호조약을 맺고 영국, 프랑스 등과도 통상 협정이 맺어지기 시작했다. 1874년부터 조선을 통한 일본의 중국 진출을 우려했던 청의 이홍장은 조선이 서구 국가들과 수교하기를 원했다.

임오군란을 계기로 청의 이홍장에 의해 재정고문으로 파견된 독일인 묄렌도르프는 국가 재정은 물론 해관과 외교권까지 장악했다. 이홍장은 조선의 자주권을 침해하고 속국화를 위한 작업을 진행해 나갔다. 청일전쟁이 일어나기 전까지 위안스카이는 조선의 총독이나 다름없었다.

1876년 강화도 조약 이후 서방 세계의 움직임을 예의 주시하고 신사유람단(1881년 일본), 영선사(1881년 청국), 수신사(1882년 일본), 보빙사(1883년 미국) 신분으로 서양의 제도와 문물을 배운 조선의 젊은 지도자들은 봉건체제를 혁파하고 조선을 자본주의 근대국가로 탈바꿈시키는 꿈을 실현하고자 했다. 이들 젊은이들에게 청나라의 간섭은 조국의 해악이었다.

실학자 연암 박지원의 손자인 우의정 박규수는 조선 말 근대 개화사상의 선각자로 오경석, 유홍기와 함께 그를 따르는 젊은 지도자 그룹인 김홍집, 이동인, 박영효, 유길준, 서광범, 서재필, 홍영식, 김옥균 등을 가르쳤다. 이들은 박규수를 중심으로 북촌 사랑방 모임을 만들어 조선의 변화를 꿈꾸었다. 문호 개방을 통해 세계 변화에 맞는 정치 혁신을 꾀하고, 선진국과 통상 교류를 통해 제도와 사상, 문물과 기술을 도입하여 상공업을 발전시키고 부국강병을 이루자는 개화사상을 공유했다.

김옥균은 "조선이 스스로 청나라의 속국이라 불러온 사실이 부끄럽다. 나라가 떨쳐 일어나지 못한 원인이 바로 여기에 있다. 사대의 굴레를 벗어 던지고 완전한 자주국으로 거듭나야 한다"라고 주장했다. 그들은 뜻을 세우고 '반청 자주'를 앞세워 부패한 민비와 그의 친인척으로 이루어진 민씨 정권을 타도하기로 계획을 세웠다.

1884년 5월 베트남에서 벌어진 청불전쟁으로 일부 청군의 회군 시기를 틈타 조선의 젊은 엘리트들은 독립 자주 혁명을 시도했다. 김옥균(33세), 철종의 사위 박영효(23세), 홍영식(29세), 서광범(25세), 박영교(35세), 서재필(20세) 등은 위안스카이의 위세와 횡포에 눌려 있던 고종이 동의하자 우정국 개국 행사 때 거사를 일으켰다. 청으로부터의 자주, 반부패 척결, 문벌 폐지와 인권 평등, 인재 등용, 흥선대원군의 환국 등을 요구하며 혁명을 시도했다. 하지만 불과 46시간 만에 고종의 변심과 청나라 군의 개입으로 실패했다.

홍영식, 박영교를 위시한 조선의 많은 젊은 지사들은 민비 정권의 사주로 청나라 군에 무참히 살해되었다. 김옥균, 박영효, 서광범, 서재필 등 일부 청년 지사들은 일본으로 망명했다. 근대 국가를 향한 조선의 젊은이들은 마지막 혁명 기회를 잃어버리고 멸절, 삼족까지 몰살되며 꿈을 이루지 못했다. 그 후 1894년 청일전쟁으로 패하기까지 12년간 조선은 완전히 청나라 위안스카이가 장악한 청나라의 식민지나 다름없었다.

조선의 자주독립과 개화 기회를 잃어버린 12년의 허송세월은 일본이 조선을 서서히 장악해가는 준비 기간이기도 했다. 역사학자들은 갑신정변의 실패 원인을 외세(일본) 의존, 민중의 지지 부재, 확실한 대안 부족 등으로 평가하지만, 그것이 근본적인 원인은 아니다. 일본 공관을 지키는 1개 대대 병력(200여 명)을 믿고 거사를 벌었다거나, 그들이 청나라 군(1500명)에 밀려 일본 공사가 배신했다는 것은 납득하기 어렵다. 근본적인 실패 원인은 다른 데 있다. 그것은 고종의 변심이다. 목숨을 걸고 끝까지 개화파를 지지했어야 했다. 또 민비를 위시한 친청 수구 세력이 다시 청군을 끌어들였다는 것도 실패 원인으로 보아야 한다. 실패 원인을 또 하나 추가하자면 강력한 혁명 의지의 부족이다. 유교적 문덕을 닦은 엘리트 유생 출신들은 조선 정부 대작들의 자제이거나 고종과 가까운 사람들로 고려 말의 이성계나 이방원처럼 역성혁명을 일으킬 정도로 투쟁심을 갖고 있 지는 않았다.

오히려 고종만을 믿고 거사 준비에 소홀했던 것이 가장 큰 원인 이었다고 보아야 할 것이다. 그 후 고종은 이리저리 강대국에 휘둘 리며 목숨을 구걸하는 처지가 되었다. 청나라의 조선에 대한 지배권 이 약화되고 러시아의 세력이 떠오르며 결국 민비가 살해되기에 이 른다. 고종은 왕통과 왕권을 지키려고 국권을 버리는 어리석은 길을 택했다.

비운의 청년 개혁가, 김옥균

　근대 한일 관계사만큼 복잡한 역사는 없을 것이다. 친일과 반일 프레임으로 우리 근대사를 논할 수 없는 이유가 여기에 있다. 친일파 몇 명을 부관참시하고 애국지사 몇 분을 신격화하는 것으로는 설명될 수 없는 것이 한국 근대사. 따라서 우리 역사를 단순화, 자족화해서 보는 관습에서 벗어날 필요가 있다.

　한일 관계사를 조망할 때 다시 되돌아볼 사건과 인물은 많다. 친일파로 낙인찍고 성토할 게 아니라 그들이 처했던 역사적 현실과 맥락을 살펴보고 치열하게 논쟁해야 한다. 조금 더 깊숙이 들여다보면 의아스러운 부분이 너무도 많다. 자세히 보면 볼수록 우리를 불편하게 하는 사건들이 있다. 당시 한 인물의 삶에 친일파와 애국지사가 섞여 있고, 하나의 사상에 친일파와 민족주의가 함께 엉켜 있다. 한

마디로 선악으로 정사(正史)를 구분하기가 어려운 것이다.

조선 말기 역사를 읽다 보면 일본에 대한 증오심이 저절로 생긴다. 그래서 일본과 손잡고 개혁을 추진했던 인물들에게 쉽게 친일파 딱지를 붙이게 된다. 하지만 당시 그들의 처지에서 생각해보면 상황은 그리 간단치 않다. 구한말의 반일과 친일은 지금의 잣대로 평가하기 어려운 복잡성이 내재한다. 당시 조선을 근대화하려 했던 개화파 독립주의자들은 신흥 강국 일본을 이용하려는 전략적 친일 혹은 용일의 유혹을 뿌리치기 어려웠다. 중국의 오랜 속국에서 벗어날 수 있는 유일한 방법이 일본을 전략적으로 이용하는 것이라고 생각한 지사들이 많다.

갑신정변을 일으켜 조선 개혁의 꿈을 이루고자 했던 풍운아 김옥균. 일본의 계몽가이자 정한론을 주장한 후쿠자와 유키치는 김옥균을 두고 "비상한 재주를 품고 비상한 시대를 만나 비상한 공을 세우지 못하고 비상한 죽음을 맞이했다"라고 평가했다. 청년 김옥균은 1884년 12월 박영효, 서재필, 서광범 등과 반청 자주독립을 위해 혁명을 일으켰지만 사흘 만에 실패로 끝났다.

김옥균은 1882년 31세에 도쿄에서 47세의 후쿠자와와 만났다. 후쿠자와는 일본 게이오 대학을 세운 인물로 일본 근대 사상의 태두이다. 김옥균은 후쿠자와에게 일본이 동양의 영국이 되려 하니 조선은 동양의 프랑스가 되고자 한다고 했다. 프랑스 혁명에 감화받아 새로운 국가를 건설하고 싶었던 것이다.

조선에서 갑신정변이 일어날 당시에는 청나라의 위세가 일본보다 훨씬 컸다. 조선의 젊은 엘리트나 개혁가들의 눈에는 일본의 메이지 유신이 부러웠다. 청나라의 속방인 조선이 자주독립국이 되려면 힘이 부족하니 오직 일본에게 기댈 수밖에 없었다. 그들이 일본 리스크를 모를 리 만무했다. 일본이 위협적 존재임을 알면서도 일본의 힘을 빌리지 않고서는 다른 길이 없었다고 판단했을 것이다.

정변에 실패한 김옥균은 아버지에게 죄송한 마음을 편지로 띄운다.

"아버지, 어려서부터 양자인 저를 훌륭하게 키워주셔서 감사합니다. 아버지께서는 답장을 보내 주시지 못할 곳에 계시기에 눈물로써 편지를 올립니다. 키워주신 은혜를 이 못난 아들이 아버지를 죽음으로 몰았습니다. 제가 어떤 뜻을 세워 일했는지 세상 사람들은 모른다 할지라도 아버지만은 제 마음을 이해하리라 믿습니다. 나라를 살리고자 하였지만 저 자신도 조국에 살지 못하게 되었습니다. 누구를 탓하겠습니까. …… 눈앞에 보이는 죽음을 떨치려고 편지를 씁니다만 아버님이 더욱 그리워 눈물을 멈출 수가 없습니다. 이제는 보고 싶어도 볼 수 없는 아버지, 못난 아들의 실수로 죽음에 이르신 아버지, 보고 싶습니다."

김옥균은 그의 정치적 야망을 실현하기 위해서라기보다는 망국으로 가는 조선을 살리기 위해 일본과 같이 서양 문물을 받아들여 국가 개혁을 하고자 하는 이념으로 조선의 정치 체제를 혁신하고 부국강병을 이루고자 했다. 당시 청나라와 일본은 근대화를 위해 국가를 개혁하고 있었다. 청나라는 1870년대 중체서용(中體西用: 중국을 일으키기 위해 서양 문물을 이용해야 한다)을 내세우며 부국강병을 이루고자 양무운동(洋務運動)을 전개했다. 일본은 화혼양재(和魂洋才: 일본의 정신과 서구의 기술을 발전시킴) 이념으로 봉건제를 해체하고 자유 민권운동 등의 변혁을 통해 메이지 유신을 완성해 갔다. 주변국의 근대화를 목격한 김옥균을 비롯한 조선의 젊은 개화주의자들은 조선의 봉건적 지배 체제를 탈피해야 한다고 믿었다.

그 길만이 살 길이었다. 향후 외세로부터 민족의 위기를 극복할 수 있고 자주독립을 이루는 길이라고 굳게 믿었다. 그러나 존청(尊淸) 사대주의에 빠진 민비 외척, 위정척사 세력들은 신진 개혁 움직임에 사사건건 반대하고 견제했다. 임오군란으로 조선에 들어온 위안스카이는 개혁 세력들을 억압했다. 흥선대원군이 톈진으로 잡혀가게 되자 20대 중반의 위안스카이는 이홍장을 등에 업고 고종을 무시하며 조선 내정에 간섭했다. 청나라 군의 횡포는 극심했다. 조선에 들어온 청국 상인들조차 전횡을 휘둘렀다. 청나라의 속국으로 추락한 조선의 실정에 김옥균을 비롯한 젊은 관료들은 분노하지 않을 수 없었다.

김옥균은 다음과 같이 개탄했다.

"세계 각국들은 독립국이며 독립국이어야만 자주적으로 화친할 수 있는데, 조선만 유일하게 중국의 속국이 되어 있으니 심히 부끄럽다. 조선이 어느 때에 독립하여 서양 여러 나라와 동렬에 서겠는가?"

신진 개혁파들은 전통적 외교 방식인 사대교린(事大交隣)를 끝내야 조선이 자주독립의 길로 나아갈 수 있다고 보았다. 하지만 청나

라는 조선과의 오랜 협력 관계를 들먹이며 타국과 외교 통상 조약을 체결할 경우 청나라의 허락을 받아야 한다며 압박했다. 김옥균은 청나라의 내정 간섭으로부터 벗어나 자주적으로 봉건적 전제 군주제를 무너뜨리고 입헌군주제를 지향해야 한다고 생각했다.

김옥균의 구상은 구정치 체제의 혁파와 제도 개혁이었다. 세도정치와 당파 싸움의 원인인 문벌을 타파하고, 봉건적 신분제인 양반 제도의 폐지, 근대적 군사 제도의 도입, 근대 교육기관의 설립, 전신 우편 등 통신 제도 개혁, 근대적 출판 언론의 도입, 생활 관습의 개선 등 근대화 변혁을 추진하고자 했다. 그는 조선이 강해지려면 경제 근대화를 이뤄야 한다고 주장했다. 도로를 넓혀 인력과 물자의 수송을 효율적으로 하여 노동 생산성을 올리고, 유통 구조를 개선하여 상공업을 활성화해야 한다고 말했다.

김옥균은 정치 제도만이 아니라 서구의 기술과 문물을 도입해야 한다고 보았다. 하수구 시설을 만들어 환경을 개선함으로써 백성들의 건강 보건을 돌봐야 한다고 했으며, 공장과 생산 설비를 구축하여 산업을 발전시켜야 한다고 했다. 주식회사를 도입하고 기술자 및 기업인을 양성하여 상업자본, 산업자본을 키워 경제 근대화를 이루어야 한다고 믿었다. 광산을 개발하여 금, 은, 석탄, 철을 대량 생산하고, 상선을 만들어 통상 무역을 도모해야 한다고도 했다. 그는 근대 자본주의 체제를 받아들여 민족 자본을 쌓아 나가면 부국강병으로 자주독립을 이룩할 수 있다고 생각한 것이다.

임오군란으로 청나라가 개입함으로써 정권 교체의 기회를 잃은 조선은 청나라 군과 위안스카이에게 많은 치욕과 시달림을 겪어야 했다. 이에 분노한 김옥균과 젊은 개화파는 청나라와 프랑스 간의 전쟁으로 일부 청나라 군대가 철수하자 갑신혁명을 통해 자주독립의 기회를 노렸다. 고종도 김옥균의 거사를 추인하고 대정유신(大政維新)의 조서를 내려 대개혁을 단행할 것임을 천명했다. 그러나 3일 만에 청나라 군의 무력 개입으로 좌절되고 말았다.

갑신정변이 실패한 원인은 청나라 군을 제압할 만한 조선 군사력의 한계, 전략의 부재, 치밀하지 못한 실행 계획, 민비 일족의 저항과 고종의 변심 등을 꼽을 수 있다. 이로써 홍영식, 박영교 등 조선의 수많은 젊은 엘리트 관료와 군인들이 청나라 군에게 살해되었다. 또 민비 일파는 그 일가족들을 무참하게 처형했다. 김옥균의 개혁 의지는 피비린내 나는 살육으로 끝맺었다.

김옥균, 박영효, 서광범, 서재필 등 일부 혁명가들은 일본으로 피신하였으나 임오군란과 갑신정변으로 피해를 본 일본은 이들이 계륵 같은 존재였다. 이번에도 고종의 요청에 의해 공관수비대를 파견했다가 또다시 피해를 당했다며 개혁파들을 탐탁지 않게 여겼다. 특히 김옥균은 청나라뿐만 아니라 일본과 서구 열강들에게도 조선의 자주독립을 강력하게 주장해왔기 때문에 친일 인사로 보지 않았다.

김옥균의 일본 망명 생활은 한마디로 형극이었다. 골치 아픈 존재가 된 김옥균은 조선의 암살 대상이었고, 청나라와 일본 입장에서는 외교적 갈등의 불씨였다. 일본은 1886년 3월 본토에서 수천 킬로미터나 떨어진 태평양의 고도 오가사와라섬으로 김옥균을 추방하고 1888년 7월부터는 북해도 삿포로에 거주를 제한하는 등 통제하고 감시했다. 김옥균은 암살의 위협을 견디며 10년간 암울한 세월을 보내야 했다.

1894년 3월 청나라와 일본 사이에서 조선의 자주독립을 모색하고 있던 차에 김옥균은 제안을 받는다. 일본을 벗어나서 청나라에 가면 실권자 이홍장을 만나게 해주겠다는 것이었다. 상하이로 건너간 그는 3월 28일 오후 4시 동화양행 2층 객실, 민비 정권이 보낸 자객 홍종우에게 피살되었다. 사실상 조선과 청의 덫에 빠진 것이다. 그의 나이 44세였다.

조선 정부에 인도된 김옥균의 시신은 양화진에서 능지처참되고 효수된 목은 '대역부도죄인 김옥균'이라는 팻말이 둘린 채 버려졌다. 김옥균에 대한 역사적 평가는 풍운아, 시대의 이단아, 반역자, 친일파 등 매우 다양하다. 하지만 그가 조선의 자주독립, 근대화에 대한 열정으로 망해가는 조선을 구하고자 했던 것만은 틀림없다. 22세의 나이에 관직에 오른 조선의 엘리트, 그는 불운한 조선 최초의 청년 혁명가였다.

국제 정세를 읽은 엘리트, 김홍집

　조선의 마지막 영의정이자 최초의 총리였던 김홍집에 대한 역사적 평가는 냉혹하다. 일본의 앞잡이로 치부되어 조선 패망을 막기 위해 분투했던 그의 업적은 지워져버렸다. 그는 시대를 읽은 엘리트 정치 외교가였다. 러시아를 비롯한 일본, 청나라 등 밀려드는 외세의 침투를 막으려 일신을 내던졌지만 끝내 역적으로 몰린다. 민비가 죽임을 당하자 고종은 러시아공사관에 숨어 지내게 되고 러시아를 등에 업은 친러 세력들이 득세하며 조선의 총리 김홍집은 우매한 민중의 손에 끌려 다니며 무참히 살해된다.

　김홍집은 조선의 고위 명망가 자제로 성장해 26세에 문과에 급제하며 조정 관리로 등용되었다. 1871년 신미양요, 1876년 강화도 조약 등을 겪으며 국제 정세에 눈을 떴다. 1880년 그의 나이 38세에 외교를 관장하는 예조참의에 발탁되고 제2차 수신사로 수십 명의 젊은 엘리트 수행원들과 함께 일본에 파견된다. 그는 일본 정가, 외교 실세들과 교류하며 메이지 유신 이후 빠르게 발전하는 일본의 실상을 목도하고 조선 개화의 필요성을 절감한다. 주일 청나라공사관 참사관이었던 황준원과 교류하며 그의 보고서 「조선책략」을 통해 러시아의 조선 진출 야욕과 함께 국제 정세를 파악하게 된다.

김홍집은 귀국하여 고종에게 보고한다. 청을 등에 업고 일본과 협력해야 하여 러시아의 남하를 저지하되 미국과의 연대 필요성을 강조한다. 또한 중국과 일본이 국가 안위를 위해 개방 개혁을 시도했듯이 조선도 문호를 개방하여 서구 국가들과 통상 조약을 맺고 부국의 길을 가야 한다고 알렸다. 이후 새로 신설된 외교 군사 실무와 개방 업무를 관장하는 통리기무아문이 신설되고, 1882년 미국과 첫 조미수호통상조약을 맺는다. 뒤이어 영국, 독일, 프랑스 등 유럽 국가들과도 통상 조약을 맺으며 문호를 연다. 김홍집은 이러한 개방 개혁 정책의 선봉에서 협상 실무를 담당하며 정치 외교가로서 국제적 안목을 키웠다.

그러나 불행히도 그해 임오군란이 일어나 흥선대원군이 재추대되면서 민비와 민씨 척족 세력이 궁지에 몰리게 되고 민비는 충주로 피신한다. 민비 세력은 역사의 비극을 몰고 올 청나라 군대를 조선에 불러들인다. 청나라의 실력자 위안스카이가 병사 3천 명과 함께 임오군란을 진압했다. 흥선대원군은 청나라 군대에 붙잡혀 중국 텐진으로 끌려가고 민비가 환궁하며 민씨 정권이 복권된다.

김홍집은 일본과의 제물포조약, 흥선대원군 석방 교섭 등의 중책을 맡는다. 청나라의 실권자 북양대신 이홍장을 설득하여 흥선대원군의 석방을 이끌어낸 김홍집은 청나라와도 통상 조약 격인 조청상민수륙대장정을 맺는다. 그러나 조선이 청나라의 속방임을 명시한 불평등 조약일 뿐이었다. 조선에 군대를 주둔시킨 청나라는 임오군란을 제압한 후 조선에 대한 노골적인 정치 간섭과 개화파에 대한 횡포를 일삼았다. 한마디로 조선은 위안스카이가 좌지우지하는 청나라 세상이 되었다.

이에 분노한 김옥균 등의 청년 개화파들은 갑신정변을 일으키지만 청나라 군의 진압으로 실패한다. 또다시 청군에게 피해를 본 일본은 피해보상을 조선에 요구하고 고종은 한성조약으로 뒤처리를 해야만 했다. 김홍집은 이들 사건을 해결하기 위해 나설 수밖에 없었다. 한성조약에 대한 책임을 지고 물러난 김홍집은 청일전쟁이 시작될 때까지 위안스카이의 견제와 위정척사파에 밀려 청이 지배한 10여 년을 한직으로 물러났다. 조선 스스로 자립 갱생할 수 있는 절호의 기회는 이렇게 수포로 돌아갔다. 동학농민운동을 제압하기 위해 청군을 다시 불러들인 조선 조정은 톈진조약에 따라 일본군이 가세하자 일본과 청나라는 조선의 이권을 두고 한반도에서 충돌하며 청일전쟁을 벌었다. 일본의 승리로 조선은 물론 중국과 세계를 경악하게 한 청일전쟁은 그야말로 중국 천하의 수천 년 질서를 하루아침에 무너뜨렸다. 이러한 난세에 김홍집은 친일 개화파로 총리에 임명된다. 그리고 조선 최초의 헌법이라 불리는 홍범 14조를 만들어 갑오개혁을 이끈다.

　김홍집은 그해 11월 부임한 주한 일본공사 이노우에 가오루와 계몽가인 후쿠자와 유키치를 설득하여 1895년 4월 관비 유학생 140여 명을 일본으로 보낸다. 그러나 이들 유학생들은 친러 정부가 들어서며 친일파로 몰려 고난의 형국 속에 반정부 인사로 바뀐다. 불행한 사건은 계속된다. 삼국간섭(러시아, 프랑스, 독일)으로 청일전쟁 이후 차지한 요동반도를 내어준 일본은 청의 몰락과 함께 친청에서 친러시아로 방향을 바꾸려는 민비를 무참하게 살해한다. 일본 정부와 우익의 음모로 조선의 국모가 살해되며 조선은 이제 스스로 국격을 지킬 수 없는 국제 고아나 다름없는 신세로 전락한다.

　민비시해사건 후 김홍집은 분노하고 자책하여 자결하려 했다.

　"나는 나라의 보존과 개혁을 위해 모든 굴욕을 참아왔다. 그러나 저들의 만행을 이번만은 참을 수 없다. 일국의 중신된 자가 국모의 참변을 보고 어찌 폐하와 백성들에게 얼굴을 들 수 있겠는가. 죽음으로 이 수치를 갚고자 한다."

　하지만 유길준 등 젊은 개화파들은 난세에 개혁 정책을 추진해야 한다고 설득하여 자결을 막았다. 고종이 러시아공사관으로 피신하면서 친러 내각이 들어서게 되고 친일 내각 인물들은 하루아침에 대역부도로 몰려 살해되면서 조선의 개혁은 완전히 물 건너간다. 하물며 러일전쟁이 터지며 조선의 명운이 꺼져간다.

　김홍집도 백주 대낮에 친러 세력의 사주에 의해 대역부도로 몰려 개혁에 저항하는 우매한 민중들에게 처참히 살해된다. 김홍집은 궁을 경비하던 일본군이 피신할 것을 권했으나 "내 명색이 조선의 총리대신이다. 내가 조선을 위해 죽는 것은 떳떳한 천명이거니와 타국(일본)에 의해 연명한다는 것은 짐승만도 못한 처신이다"라며 군중에게 끌려갔다. 조선인 경관 수명이 김홍집을 경무청 문 앞으로 끌어내자 군중들이 몰려오고, 그 자리에서 쓰러뜨려 칼을 뽑아 내리치고 가슴과 등, 온몸을 난도질했다. 그 후 시체의 다리를 거친 새끼줄로 묶어 종로 거리로 끌고 나와 '대역부도 김홍집'이라는 장지를 크게 써 붙였다. 길거리에 가득한 군중들이 시체를 향해 돌을 던지고 발로 짓이겨 시체마저 온전한 곳이 없었다. 조선 개화 세력의 중심이자 엘리트 거목인 김홍집은 오히려 조선인의 만행으로 살해되었다. 그의 부인과 자식도 자결하며 길고 긴 암흑의 시대가 드리워진다.

청일전쟁과 조선의 운명

　1894년 조선 땅을 밟은 오스트리아의 여행가 헤세바르텍은『조선의 1894년 여름』에서 조선을 다음과 같이 묘사했다.

　"넓은 지구상에서 조선만큼 백성이 가난하고 불행한 반면, 임금을 비롯한 지배층은 온갖 거짓과 부패, 범죄를 일삼는 곳은 없을 것 같다. 깨뜨릴 수 없이 굳건한 관계로 결탁되어 있는 양반 무리가 국가 정치와 경제를 주무르고 있으며 왕조차 이들을 무시하지 못한다. 그들은 왕과 백성을 분리시켜 단단한 벽을 형성하고 있다."

　서구인의 눈으로 본 조선은 썩은 나라였다. 도려내도 계속 썩을 정도로 뿌리 깊이 썩어 있는 나라였다. 위정자들은 백성들의 고혈을 짜서 화려한 옷과 맛있는 음식으로 자신들을 살찌웠다. 고종과 민비, 세도정치 세력들은 백성을 억압하기 위해 외세를 끌어들이는 것을 서슴지 않았다. 백성들의 혈세를 거두어 외세에 바치는 한심한 행태를 지속했다.

헤세바르텍은 다음과 같이 썼다.

"현재 총과 대포로 조선의 수도인 한양을 점령하고 있는 일본군들이 활보하고 다니지만 자기 힘으로 나라를 지킬 수 없고 최빈국을 벗어날 능력이 없는 조선은 오직 외세에 의존해 그 길을 찾을 수밖에 없다는 것을 백성들은 알고 있다."

일본의 조선 전문가 혼마 규스케도 『조선잡기』라는 책에서 조선의 지배층은 부패하여 착취를 일삼고 백성들은 무지하고 게을러 가난하고 더러우며 미신이 많다고 했다.

조선은 너무나 부패하고 무능한 나라였다. 명나라가 기자조선의 명맥을 잇는다는 의미로 '조선'이라는 국호를 정해줄 만큼 중국 황제의 제후국이었다. 조선의 지배 계층은 중국의 성리학을 받들어 인의예지를 덕목으로 설파했지만 백성들의 삶은 돌보지 않고 호의호식하며 서열주의에 젖어 있었다. 그러니 백성들에게서 터져나오는 개혁의 목소리에 귀 기울일 리가 없다.

동학농민운동을 제압하기 위해 고종은 청나라 군을 불러들이고, 톈진조약으로 일본군이 조선에 들어왔다. 일본군은 임오군란, 갑신정변 이후 조선에 실권을 행사하는 청나라를 제압하기 위한 모든 준비를 마친 후였다. 조선에서 벌어진 청일전쟁은 조선 백성들에게 어마어마한 피해를 주었고, 조정은 전쟁에 따른 커다란 재정 부담을 지게 되었다.

조선에게 경악스러웠던 것은 천 년 동안 오매불망 매달려온 천제의 나라 청나라가 일개 섬나라 일본에게 패했다는 사실이었다. 5백년 이씨 왕조는 중국에 대한 믿음이 깨지며 하루아침에 부모를 잃은 고아 신세가 되어버렸다. 자주독립이 아닌 예속된 민족은 풍전등화나 다름없다. 전쟁의 승리로 일본의 기세는 드높아졌다. 중국과 세계열강이 믿을 수 없는 상황이 벌어졌다.

1876년 부산, 인천, 원산 개항 이후 위정척사 세력이 주도한 조선의 정책은 사양길이었다. 고종과 민비를 비롯한 수구 세력들은 당황하기 시작했고 반청 개화파들은 이를 조선 개혁의 기회로 보았다. 일본은 조선을 청나라로부터 완전히 독립시켜 자신들의 필요에 따라 조종하기 위해 청과 맺은 불공정한 통상 무역 장정을 폐기하는 등 내정 개혁을 요구했다. 그리고 1894년 7월 흥선대원군을 앞세워 민비 세력을 축출하고 친일 개화파 김홍집을 중심으로 개혁을 단행한다.

조선 말 지도층의 정치적 무능과 타락상은 파란만장하다. 하지만 조선에 대한 비판적 연구는 실로 미미하다. 여느 학자들은 조선 5백년 역사를 미화하는가 하면, 군주에 대한 비판보다 추앙심을 드러내며, 부패하고 무능했지만 주자성리학이라는 고매한 탈을 쓴 선비, 양반 사회를 자랑스러워한다. 하늘이 무너지고 땅이 꺼져도 조선무오설(朝鮮無誤說)을 주장하는 학자도 있다. 민족적 뿌리를 강조하고 민족적 자긍심을 추어올리는 민족우월주의는 멋지다. 하지만 오랜 착각은 정치적, 사회적으로 혼란과 갈등을 부추겨왔다.

정당화될 수 없는 역사, 용서할 수 없는 위정자들, 이조 왕가와 그들의 왕손들을 추존하며 그들을 미화하고 영웅화하려는 학자들은 일제가 역사적 편견을 만들었다고 주장한다. 왕족, 양반, 상민, 천민, 노비로 구조화된 타락한 계급 사회, 여성의 사회적 차별이 극심했던 불평등 국가, 벼슬의 독점·토지의 독점·지식의 독점으로 왕권과 권세가 유지되었던 늙은 조선은 몇몇 을사오적에 의해 망한 것이 아니라 스스로 자멸한 것이다.

민비와 을미사변

　홍선대원군은 자기 부인의 친척 민치록의 외동딸을 며느리로 간택한다. 안동 김씨, 풍양 조씨 등 외척 세도정치에 염증을 느끼고 권세가 약한 민치록을 택한 것이다.

　고종은 16세 때 궁녀 출신인 숙원 이씨와의 사이에서 첫아들 완화군을 낳았다. 처음에 민비는 고종의 사랑을 못 받았다. 그러다 민비가 19세에 첫 임신을 하지만 곧 유산되고 그때부터 고종의 관심은 숙원 이씨에서 민비에게로 넘어갔다. 민비가 20세 되던 해 첫 아들을 낳았으나 그 아들도 오래 살지는 못했다.

　민비는 시아버지 대원군이 고종에게 정권을 내어주지 않자 계책을 세웠다. 대원군의 서원 철폐에 분노하고 있던 동부승지 최익현을 이용해 고종에게 대원군의 실정을 비판한 상소를 올리게 했다. 이

상소는 엄청난 파문을 일으키며 홍선대원군을 단숨에 실각시켰다.

1873년 7월 마침내 고종은 아버지 대원군을 운현궁에 가두고 즉위 10년 만에 실권을 장악한다. 1874년 2월 고종 나이 22세, 민비 나이 23세에 둘째아들을 낳으며 민비의 발언권은 점차 강해진다. 10년간 대원군의 권세에 눌려 살던 민비는 양오빠인 민승호를 이조참판에 발탁하고 민씨 척족 세력을 키우기 시작한다. 민승호는 인사권을 쥐고 대원군파들을 요직에서 쫓아냈다. 하지만 곧 민승호는 폭탄 테러를 당해 가족과 함께 살해된다. 친정 어머니의 죽음으로 민비와 대원군의 관계는 돌아올 수 없는 강을 건너게 된다.

1875년 고종은 민비의 뜻에 따라 돌도 지나지 않은 원자를 서둘러 세자로 책봉했다. 민비는 이후 아들을 또 낳았으나 10여 일 만에 세상을 떠나 힘든 시간을 보냈다. 민비는 4남 1녀를 낳았으나 세자(순종)만 살고 다 요절했다. 그러자 점차 무속에 빠져들고, 친척 민태호의 아들 민영익을 테러로 죽은 민비의 양오빠 민승호의 양자로 삼아 권력을 키워간다.

1875년에는 운요호사건이 터지면서 강화도 조약이 맺어진다. 1880년에는 김홍집 등 제2차 수신사 일행이 일본에서 돌아오자 일본의 신식 군대를 모방한 군 개혁에 착수했다. 또한 외교, 군사를 담당하는 통리기무아문을 설치하고 별기군을 창설했다. 그러자 홍선대원군파가 대부분이었던 구식 군대는 차별 대우에 반발하여 군란을 일으키고 민비 오빠 민겸호와 홍인군 이최응, 별기군의 일본인 교관을 살해한다. 일본공사관까지 불을 지르고 민비를 살해하기 위해 대궐에 난입하자 민비는 충주 장호원으로 피신했다.

고종과 민비, 그의 척족들의 요청에 따라 청군이 조선에 들어오고 임오군란을 제압한다. 일본의 조선 진출에 위협을 느낀 청은 흥선대원군을 납치하여 중국 톈진으로 압송하고 민비를 재입궐시킨다. 당시 민비의 나이 31세였다. 임오군란 이후 청의 신세를 진 민비는 일본과 개화파를 멀리했다. 민비의 목숨을 구해준 청의 횡포는 날로 심해지고 허수아비가 된 고종은 이런 청의 세력을 제거하고 싶었다. 1884년 김옥균, 박영효, 홍영식, 서광범, 서재필 등 조선의 엘리트들은 갑신정변을 일으키며 수구파의 중심인 민비 세력을 축출하고 청으로부터 독립하려 했다. 그러나 다시 청은 군대를 동원하여 조선의 개화파들을 3일 만에 진압했다.

청의 간섭은 더욱 강화되었고 일본의 지위는 약화된다. 이후 10년간 조선은 청의 속국이나 다름없었다. 민생은 더욱 피폐해졌다. 그 사이 민란은 전국적으로 30여 차례나 일어났다. 1894년 동학농민운동이 일어나자 조선은 청에 도움을 청했고 청군이 조선에 진주했다. 갑신정변 후 청나라와 일본이 맺은 톈진조약에 의해 일본군이 파병되며 그해 6월부터 조선에서 청일전쟁이 일어난다. 메이지 유신으로 국력이 막강해진 일본이 청나라를 단숨에 제압하자 패권은 일본으로 넘어간다. 일본은 시모노세키조약에서 조선이 완전한 자주독립국임을 명시하고 청이 조선에서 완전히 손을 떼도록 했다.

그러나 러시아를 중심으로 한 삼국간섭으로 요동반도를 돌려줘야만 했던 일본은 러시아에 대한 적개심을 품게 된다. 청의 세력은

사라졌지만 오히려 일본의 간섭이 높아지자 고종과 민비는 청나라를 대신할 나라로 러시아를 선택하고 러시아와의 수교를 강력하게 밀어붙였다. 요동반도에서 이제 조선반도까지 잃게 될 일본 정부는 흥선대원군을 중심으로 한 반민비파와 결탁해 민비를 제거할 음모를 짜고 1895년 10월 8일 민비를 무참히 살해했다. 조선의 국모는 너무도 간단히 제거되었다. 민비의 나이 44세였다. 아무도 민비를 위해 피를 흘린 사람은 없었다.

고종은 일본공사 미우라 고로가 요구하는 대로 민비를 폐서인했다. 조선에는 47인의 사무라이 충신 같은 의인이 없었다. 1896년 2월 러시아공사관으로 피신한 고종은 1897년 1월 죽은 민비를 명성황후로 추존하고 대한제국 황제로 즉위하면서 3년 만에 장례식을 치러주었다. 이를 계기로 양반을 중심으로 한 항일 의병이 일어나고 반일 감정이 확산되었다. 이후 민비는 항일의 상징적 존재가 되었다.

러일전쟁과 조선의 멸망

　19세기 산업혁명으로 국부를 쌓은 영국과 프랑스 등 유럽 국가들은 전 세계 시장으로 눈길을 돌렸다. 이들 제국주의 국가들은 식민지를 개척하면서 세계 곳곳에 무자비한 희생과 피해를 남겼다. 1840년 영국은 아편전쟁을 일으켜 인구 3억의 중화 대륙을 무너뜨렸다. 서구 제국의 파워를 실감한 일본은 서양 기술 문명을 적극 받아들여 1869년부터 근대화에 총력을 기울인다.

　러시아도 1854년부터 사할린 북쪽 감차카 반도에서 극동 부동항을 건설하고, 중국과 조선으로 진출하려는 야욕을 드러냈다. 미국과 영국, 프랑스는 러시아를 경계했다. 러시아는 1891년 모스크바에서 블라디보스토크까지 1만 킬로미터에 달하는 시베리아 철도를 건설했고, 이후 블라디보스토크에서 요동반도를 연결하는 동청 철도를 이어 만주 지역으로 세력을 뻗쳤다. 긴장한 일본은 미국과 국교를 맺고 영국과 함께 러시아의 동아시아 진출을 경계했다.

1894년 청일전쟁에 승리하여 요동반도를 차지한 일본을 제지하기 위해 러시아는 독일·프랑스와 함께 삼국간섭을 주도해 요동반도를 반환케 한다. 러시아는 청나라에서의 각종 이권을 챙긴다. 세력을 확장해 가고 있는 러시아의 조선 진출을 염려한 일본은 1895년 10월 친러 세력을 이끈 민비를 살해하는 을미사변을 일으킨다.

목숨의 위협을 느낀 고종이 러시아공사관으로 피신하고 이후 친일 내각이 무너지면서 러시아 세력이 득세한다. 러시아를 등에 업은 고종은 1891년 7년 10월 러시아 제국의 지도하에 조선의 국호를 대한제국으로 바꾸었다. 러시아는 조선에서의 영향력을 확대하기 위해 청과 비밀 협약을 맺고 여순항과 대련항을 조차하여 해군 기지화했다. 만주에서의 영향력을 장악한 러시아는 한반도 통치권까지 노리고 있었다. 다급해진 일본은 제안했다. 러시아는 만주를 차지하고 자신들은 조선을 차지하겠다는 것이었다. 1903년 9월 러시아는 한반도 북위 39도선을 경계로 북쪽은 러시아가, 남쪽은 일본이 지배하는 분할 통치권을 제시했다. 러시아에 위협을 느낀 일본은 군비를 증강하고 러시아와의 일전에 대비했다.

양보할 수 없는 조선 점유권을 지키기 위해 1904년 2월 일본은 영국과 미국의 묵시적 지원 아래 조선반도의 운명을 가르는 러일전쟁을 일으켰다. 인천에 정박 중인 러시아 군함 2척을 격침시키고 한양을 점령한 후 만주를 향해 북진하는 동시에 일본 해군은 러시아

극동함대 주둔지인 여순항을 공격했다. 러시아의 극동함대가 무참히 무너지고 일본이 만주까지 진출하는 시기에 러시아는 내부에서 혁명이 일어나고 있었다. 일본은 유리한 입장에서 러시아 평화협정을 맺을 수 있었다.

1905년 시어도어 루스벨트 미국 대통령이 주재한 포츠머스 조약에서 일본은 러시아로부터 여순항과 대련항, 사할린까지 양도받았을 뿐 아니라 조선의 지배권까지 따냈다. 이미 두 달 전 일본 총리 가츠라와 미국 육군 대장 테프트 사이에서 필리핀은 미국이, 조선은 일본이 차지한다는 가츠라테프트 조약이 맺어졌다. 이런 국제 정세를 전혀 모르고 있던 조선의 국왕 고종은 그 해 10월 루스벨트 대통령에게 조선의 보호를 요청하는 친서를 보내는 해프닝을 벌였다. 일본은 조선, 영국은 중국 일부, 미국은 필리핀, 프랑스는 베트남을 차지하고 러시아는 혁명으로 무너졌다. 조선은 청, 일본, 러시아 사이에서 길 잃은 고아였다.

조선의 중국 사대주의 역사

    1392년 고려 장수였던 친명파 이성계가 최영 장군 등 반명 친원 세력을 제거하고 친명 사대를 표명한 역성혁명을 성공시키며 왕위에 올랐다.

    명나라 태조 주원장은 이성계에게 새로운 국호를 조속히 올릴 것을 요청했고 이성계는 화녕과 조선 중에서 국호로 선택해줄 것을 명나라에 요청했다. 주원장은 동이의 과거 호칭 가운데 조선이란 칭호가 아름답고 그 유래가 깊으니 조선으로 정하자 했고 이성계는 고려 공민왕 때 받은 국새를 돌려주고 '조선 국왕'이라 새긴 국새를 요청했다. 차일피일 미루어오던 인준은 1398년 왕자의 난으로 항명파 정도전 등이 제거되고 주원장이 사망하면서 풀렸다. 요동반도를 둘러싼 조선과 명의 군사적 갈등이 해소되고 양국의 외교 현안들이 해결되면서 건국 3년 후 1401년에서야 건문제가 조선의 2대왕 정종에게 조선 국호와 국새를 내려 책봉 절차를 마무리 짓고 조공 기준도 확정했다.

전통적으로 중국의 주변국들이 책봉 조공의 관계를 맺은 까닭은 중국 중심의 세계 질서에 편입함으로써 국가의 안위를 보장받고 중국의 승인을 획득하여 자국 내에서의 정치적 지위를 공고히 할 수 있었기 때문이다. 조공을 통해 동아시아 최고 권력인 중국의 선진 문화를 수입, 향유하고 중국 물자와 자국의 생산품을 교류할 수 있었다. 조선의 경우에는 국가의 안녕과 경제적 이득보다는 역성혁명을 합법화하고 정통성을 확보하려는 정치적 동기가 더 컸다.

명과 조선의 관계는 안남(베트남), 유구(오키나와), 일본 등 주변국과 비교해도 완전한 책봉 조공 관계이자 전형적인 사대 관계였다. 이성계는 건국 원년에 "소국이 대국을 섬기는 것이 보국의 길이라 삼한이 통일한 이래 오랫동안 사대에 힘써 왔다"면서 명나라와의 긴밀한 사대 관계를 천명했다.

그 후 중국과 조선의 사대 관계는 청나라를 거쳐 근세 중국이 망할 때까지 5백 년간 실로 지극했다. 1592년 토요토미 히데요시가 정명가도(征明假道)를 이유로 조선을 침범한 임진왜란이 일어나자 명나라는 파병 당시 출병 반대파에게 "조선은 명의 속국이나 역내와 다를 바 없고 대를 이어 예와 법도를 지켜온 군신 관계, 부자 관계나 다름없기 때문에 환난이 있을 때 구원 출병하는 것이 당연하다"라며 설득했다.

하지만 명의 항왜 원조는 단순히 조선의 왜침을 도와야 한다는 명분보다는 순망치한, 즉 '입술이 없으면 이가 시리다' 하여 조선의 중요성을 인식했기 때문이다. 중국의 울타리와 같은 조선이 일본의 수중에 들어가면 중국의 하북 지역과 산해관, 요동 지역이 위협받을 게 자명했다.

임진왜란에서 정유재란까지 7년간의 전란은 조선에 막대한 피해를 입혔고 백성들의 삶은 피폐해졌다. 조명 연합군의 사투와 이순신과 같은 조선 명장의 활약, 토요토미 히데요시의 사망으로 왜군은 철수했지만 수많은 백성들이 일본에 끌려가 노예 생활에 처해야 했다. 명군의 식량 등 군수 물자까지 대주어야 했던 조선의 조정과 백성들은 승자가 아닌 처절한 패자였다.

조선인 300만 명이 사망한 7년 전쟁의 피해와 전화가 겨우 마무리될 즈음 한반도에는 또 한 번의 비극이 일어난다. 인조반정 이후 친명배금 정책을 고수하자 만주의 후금은 명나라를 치기 전에 배후에 있는 조선을 손보기 위해 1627년 1월, 3만 명의 대군을 이끌고 침공했다. 이것이 정묘호란이다. 그러나 화친한 이후 8년 동안 갖은 압박과 회유에도 불구하고 숭명배청 정책을 버리지 않자 1636년 국호를 청으로 고치고 스스로 황제에 오른 태종이 그해 12월, 12만 명의 대군을 친히 이끌고 조선을 2차 침공한다. 이것이 병자호란이다.

병자호란은 무자비한 살육 전쟁이었다. 강화도로 피신했던 대군과 빈궁 등 200여 명이 포로로 잡히고 남한산성에서 겨울의 혹한과 굶주림 속에서 저항하던 인조는 삼전도로 내려와 세 번 무릎 꿇고

아홉 번 머리를 찧는 삼궤구고두(三跪九叩頭)의 예를 올리고 항복했다. 청나라는 명이 하사한 고명책인을 빼앗고 명의 연호를 쓰지 못하게 했다. 소현세자, 봉림대군, 일부 친명파들과 60만 명에 달하는 백성들은 청나라에 노예로 끌려갔다. 그 중 50여만 명이 조선의 아녀자들이었다. 1637년 청이 공식적으로 인조를 책봉함으로써 무력으로 이루어진 조공 책봉 관계는 1644년 숭정제의 자결로 명나라가 멸망하자 더욱 공고해졌다. 그 후 1894년 청일전쟁으로 청나라가 패하고 맺어진 시모노세키조약 때까지 청과 조선의 사대 관계는 258년간 지속되었다.

일본과 조선의 흥망

　청일전쟁, 러일전쟁이 한반도에서 일어나자 중국 중심의 동아시아 질서는 급변했다. 일본의 승리로 끝난 청일전쟁은 동아시아 패권을 갖고 있던 중국과 중국에 기대어 연명하던 조선에게는 가히 충격이었다. 동아시아는 이제 일본 제국주의의 손아귀에 있었다.

　청일전쟁 다음에 일어난 러일전쟁은 극동을 세계사적 대립 공간으로 만들었다. 아시아에서 강력한 제국으로 발돋움한 일본은 유럽 제국주의와 식민지 침탈 경쟁에 합세하며 중국을 비롯 동북아시아를 무참히 짓밟았다. 일본은 1840년부터 서세동점의 위기를 감지하고 다가올 국가적 난국을 타개하기 위해 곧 개혁에 착수했다. 일본의 마지막 쇼군인 도쿠가와 요시노부는 국가 안위라는 대의에 따라 천황에게 왕권을 반환하고 통치권을 내려놓았다.

1840년 중국에서 일어난 1차 아편전쟁 이후 조슈번의 요시다 쇼인 같은 웅번의 인재들은 국제 정세와 병학을 연구하고 시대정신을 일깨웠다. 메이지 유신의 주역인 하급 무사들은 천황을 옹립하고 서양에 굴복하여 문호를 개방한 막부를 타도하려 했다. 사쓰마와 조슈번의 하급 무사들은 영국과 프랑스의 함대와 싸웠으나 엄청난 열세로 밀리자 개국과 함께 서양을 배워 일본을 지키는 전략으로 돌아섰다.

1876년 일본의 정치가들은 서구 제국주의에 대항하고 청으로부터 자주권을 회복해야 한다며 한일 협약을 요구해 왔다. 과거 몽고의 침략을 경험했던 일본은 역사적으로 오랜 기간 중국의 속방이었던 조선반도가 언젠가 자신들을 향해 날아들 도끼날이 될 수도 있다고 인식했다. 중국(청)이나 일본 모두 조선은 순망치한(脣亡齒寒) 같은 존재였기에 일본은 조선이 청으로부터 실질적으로 독립할 것을 내심 바라고 있었다. 후쿠자와 유키치 같은 일본의 선각자들은 일본의 자주독립을 위해 조선의 개화 세력을 은밀하게 지원했다. 안남까지 프랑스에 잃은 중국(청)은 위안스카이를 앞세워 임오군란 이후 더욱 강력하게 조선을 복속시켰다. 조선이 청에 더욱 결속될수록 일본은 조선의 자주독립이 필요했다.

1884년 조선 청년 혁명가들은 갑신정변을 일으켜 청의 손아귀에서 벗어나려 시도했지만 민비 척족과 청의 무력에 의해 좌절되었다. 청과의 일전을 위해 절치부심하며 부국강병을 다져온 일본은 갑신정변 실패 이후 10년이 지난 1894년 청일전쟁에 승리하며 동아시아 패권을 잡았다.

그러나 곧 러시아가 꾸민 삼국간섭으로 조선반도가 다시 러시아의 수중으로 넘어갈 듯하자 그 분노를 조선의 국모 민비를 살해함으로써 응수했다. 목숨을 부지하려는 고종이 러시아공사관으로 피신하며 조선은 스러져갔다. 이후 조선의 10년은 러시아를 중심으로 서양 세력이 난립했다.

다시 와신상담으로 10년간 군사력을 키운 일본은 1904년 인천에 정박 중인 러시아 함대를 공격하여 러일전쟁을 일으켰다. 전쟁에 승리한 일본은 제국주의 침략 기반을 더 확고히 다질 수 있었고 러시아 전제 정치는 붕괴 직전이었다. 러시아는 피의 일요일 사건을 기점으로 볼셰비키 혁명이 일어나면서 공산주의가 득세하게 된다.

일본은 러일전쟁에 승리하면서 친러파 고종을 압박하여 1905년 을사보호조약을 체결함으로써 조선의 외교권을 박탈한다. 조선반도 40년 식민 통치의 서막이었다. 일본은 안중근의 이토 히로부미 저격 사건을 겪은 후 조선을 완전히 복속시키는 한국강제병합으로 식민 지배 체제를 공고히 한다. 일본의 식민지 강점은 조선의 근대화, 서양의 패도정치에 대한 왕도정치와 대동아 공영권 확립이라는 명분이었다. 나중에 이러한 일본의 야망을 꺾은 힘은 중국이나 식민지 조선이 아니라 서구 패권의 중심 미국이었다.

역사는 되풀이된다. 조선의 지정학적 위치는 중·러·일 사이에서 강국의 이해관계와 군사력에 좌우될 수밖에 없었다. 조선 멸망사는 영원한 적도, 영원한 우방도 없다는 역사적 사실과 오직 자주국방과 국력만이 국가의 생존을 지킬 수 있다는 진실을 아프게 들려준다.

조선은 왜 몰락했는가

　미국의 석학 대런 에스모글루와 제임스 A. 로빈슨은 『국가는 왜 실패하는가』라는 책에서 국가가 패망하는 원인을 분석했다. 그들은 고대 로마제국과 중세 로마, 구소련, 유럽 등 천하를 호령했던 국가들을 15년간 연구 조사하여 흥망을 가르는 것이 무엇인가를 탐구했다. 그것은 바로 국가 내부를 결속하는 정치 사회적 제도와 관습이라고 결론지었다. 외부 요인인 지리적 특징이나 기후, 전쟁 등은 부차적인 것이었다. 정치 사회적 제도가 경제와 상호작용하여 국부를 가른다고 보았다.

　사회 지배층의 국민 수탈과 착취에 기반한 사회 제도는 경쟁을 유발하지 못해 생산성이 저하되고 국부를 일으키지 못한다는 것이다. 세습에 의해 새로운 정치 지도자와 정치 체제가 탄생할 수 없는 사회는 필히 쇠락할 수밖에 없다. 권력자들이 저항하는 민중의 목소리를 외면하거나 민중의 봉기를 탄압하는 방식은 결국 몰락을 초래한다.

서양 문물 개방과 근대화가 백성의 삶의 질을 향상시킬 수 있음을 잘 알면서도 조선의 지배층은 5백 년 정치 체제와 자신들의 권력 유지를 위해 철저히 쇄국 정책을 고수했다. 선진 문물과 제도를 받아들이기 위해 서구의 힘을 이용하자는 개방개혁가들을 외세의 앞잡이로 몰아 가차 없이 처단했다.

백성들을 무식의 굴레에서 한 발도 나오지 못하도록 막은 세도 가문과 유림들은 허울뿐인 유교적 가치를 내세우며 온갖 권세를 누렸다. 자신들만이 선이고 타자는 적폐로 몰아 당파 싸움에 몰두했다. 이런 가운데 정조 이후 왕손의 단명과 유약한 왕권이 100년간 이어지면서 조선은 스러져갔다.

『조선 그 마지막의 기록』을 쓴 선교사 제임스 S 게일은 인구 1200만의 조선은 노블레스 오블리주가 없는 나라, 사랑이 없는 나라, 일이 없는 나라, 경쟁이 없는 나라, 애국이 없는 나라, 애민이 없는 나라라 했다. 여성, 아내는 사랑의 대상이 아니고 가족의 대를 잇는 수동적 존재로 독립적 사고를 할 수 없으며, 양반은 축첩의 권리까지 있었다. 경쟁이라는 말과 경쟁이라는 생각조차 없는 고정된 서열 사회였다. 남과 경쟁하며 치열하게 생존할 필요가 없기에 독립성이라는 개념조차 없었다. 개인의 독립성과 타인과의 경쟁은 상대에 대한 불신이며 의심이고, 인간의 기본 도리가 아닌 부정한 짓으로 인식되었다.

유교 정신을 받들어 실리보다는 겉치례를 중시하는 조선 양반들은 노동을 하지 않고 한가한 삶을 누렸다. 양반의 일상은 상놈, 하인을 부리며 온종일 어려운 한문을 읊어대는 모습으로 각인되어 있다. 긴 담뱃대, 커다란 부채, 팔자걸음, 호위무사가 이들의 행동 양식이다. 상민들은 머리를 조아리며 그들의 명예에 순종하고 추앙했다.

1866년 독일인 무역상 에른스트 오페르트는 그의 저서 『1880년 금단의 나라 조선』에서 근로 의욕이 없고 교육이 부재한 나라, 산업 기술력은 물론 생산성이 없는 나라, 백성들은 술과 도박에 빠져 게으르고 무능한 나라라고 혹평했다. 양반 사회는 유교 이데올로기에 빠져 예와 도덕만 입에 올릴 뿐 경제 마인드가 부재하고, 중국에 대한 사대주의에 흠뻑 젖어 있었다. 유교 사상은 사회의 역동성과 다양성을 막고 공리공담에 그칠 뿐 체제 유지와 민중 억압의 수단일 뿐이었다. 사회적 정의나 평등 개념은 조선의 유교 정신에는 없었다. 개혁 능력이 없는 무능한 정부의 부패한 관료들의 수탈, 착취, 횡포는 조선의 마지막 100년을 민란의 시대로 이끌었다.

부조리한 양반 사회

우리는 한국사 교과서에서 조선을 배웠다. 조선의 신분제를 사농공상이라고 배웠고, '태정태세문단세 예성연중인명선 광인효영숙경영 정순헌철고순' 하며 이씨 왕조 27명의 이름을 외우곤 했다. 이씨 왕의 이름이 왜 그렇게 중요한지 아직도 이해할 수 없다. 이씨 왕족이 5백 년 조선을 어떻게 다스렸는지, 이씨 왕족의 외척 세력들이 조선이라는 나라를 어떻게 좌지우지했는지 큰 그림으로 이해하지 못했다.

조선은 예와 도를 중시한 유교를 통치 이념으로 숭유억불 정책을 폈고, 무(武)보다 문(文)을 중시했으며, 중국과 사대 관계를 맺어 국가 체제를 유지했던 나라로 이해했다. 우리 한국사에서 조선 왕들의 치적이 차지하는 비중은 높다. 세종대왕이 훈민정음을 만들어 한글을 창제했고, 출판과 서화 등 인문 예술을 부흥시켰으며, 해시계, 측우기 발명 등 과학 발전에 기여했다는 사실을 닳도록 배웠다.

하지만 이면의 역사를 살펴야 한다. 세종대왕은 왕비 외 10여 명의 첩을 두어 22명(18남 4녀)의 자식을 두었으며 노비제를 강화했다. 백성을 어여삐 여겨 한글은 창제했지만 노비까지는 어여삐 여기지 못한 듯하다. 조선은 사농공상의 신분제가 지배하는 사회가 아니라 왕과 양반이 지배하는 사회였으며 의사, 역관 등의 중인은 왕조와 양반 사회를 보좌하는 부속 계층일 뿐 그 밑에 백성 대부분은 소작농으로 일하는 농민들과 노비였다. 일부 상공인은 왕조와 양반 사회의 의복과 축조, 기물을 공급하는 상민이었을 뿐이다.

한글 창제라는 전대미문의 업적을 남긴 집현전 학자들에 대한 공은 접어두고 훈민정음 등 수많은 업적을 남긴 세종의 초상이 만 원권 지폐에 새겨 있는 것은 국민들이 당연히 수용할 수 있다. 100원짜리 동전에 새겨 있는 임진왜란의 영웅 이순신 장군의 초상도 자랑스럽게 받아들일 수 있을 것이다. 그러나 노비를 수백 명 거느리고 355필지 3천여 마지기를 소유했으며, 수많은 소작농을 수탈한 이황과 신사임당을 지폐에 새겨 영웅화하는 것은 납득하기 어렵다. 아버지 이원수로부터 100여 구(명)의 노비와 수백 마지기 땅을 율곡 이이 등 7남매에게 나누어준 내역이 '보물 제477호 화회분기'라는 기록으로 남아 있다.

조선의 법령집 『경국대전』에는 상속에 관한 규정이 들어 있다. 양인 서자에게는 적자의 7분의 1, 노비 서자에게는 10분의 1을 분배

토록 한 차별 기준이 들어 있다. 왜 이렇듯 양반 사회의 적폐를 낳은 이들이 영웅시되어야 하는지 그 이유를 모르겠다. 시시비비를 떠나 그들의 학문적 공헌과 인품은 인정할 수 있다. 그러나 그들은 당쟁과 당파 싸움 등 조선 적폐를 만든 인물들이다.

그들이 정녕 국민들로부터 칭송받아 마땅할 만큼 위인들인지 의문이 든다. 아직도 서울, 경기 일원에는 이씨 왕손들의 땅이 수없이 많이 존재한다. 이씨 조선에서 부귀를 누린 양반 세도가들의 후손들이 조상이 물려준 토지로 대대손손 부를 누리고 있다. 양반의 나라에서 일생을 종속되어 살아간 노비는 자신의 가치와 존재를 모른 채 주어진 환경에 오히려 감사해하며 순종적 자세로 살아왔다.

선조들에게 있어 건강한 본능과 역동적 사고의 주인의식은 삼강오륜이라는 노예 도덕에 의해 억압되어 발현될 수 없었고, 자유롭고 창의적인 사고는 길러지지 못한 채 살았다. 우리의 모든 역사를 부정할 수는 없지만 불충불효라는 유교 사상을 앞세워 서열 계급을 유지하고 백성을 탄압했던 조선은 지금도 우리 안에 살아 있다.

서재필과 독립신문

독립문과 독립신문을 말할 때 서재필을 빼놓을 수 없다. 대한민국 역사에서 그는 역모를 꾀한 반역자이자 친일파로 매도되고 있다. 그러나 근대 역사에서 서재필만큼 위대한 애국자는 없다. 서재필은 18세 때인 1882년 과거에 급제하여 조선 정부의 가장 젊은 관료로 입성한다. 일본 도야마 군관학교로 유학하여 신식 군사 교육을 습득하고 돌아와 나이 20세이던 1884년 임오군란(1882년) 이후 청의 간섭과 횡포가 극심해지자 조선의 자주독립을 위해 갑신정변에 참여한다. 고종의 변심과 민비의 요청에 따른 청군의 개입으로 갑신정변은 3일 만에 실패로 끝나며 그의 파란만장한 삶이 시작된다.

혁명에 참여했던 홍영식은 청군에 의해 무참히 살해되고 김옥균, 박영효, 서광범과 함께 서재필은 일본으로 망명한다. 고종과 민비

일족은 이들을 역모 세력으로 몰아 그들의 부모, 형제, 처자식은 물론 처가, 외가까지 삼족을 멸하는 참형을 내리고 그들마저 죽이기 위해 일본에 자객을 보낸다. 천하의 홀몸이 된 서재필과 조선의 젊은이들은 일본 정부의 골치 아픈 존재들이었다. 서재필과 서광범, 박영효는 어쩔 수 없이 미국행을 선택할 수 밖에 없었고, 일본에 남기를 자청한 김옥균은 일본 정부에 의해 본토에서 멀리 떨어진 오가사와라섬으로 유배된다

미국에서 온갖 고생을 하면서도 서재필은 조선 독립의 꿈을 버리지 못했다. 서재필의 영민함을 알아본 미국인 독지가의 도움으로 펜실베이니아의 명문고 해리 힐만 아카데미를 거쳐 1889년 조지 워싱턴 대학에서 공부했다. 대학 졸업 후 1893년 한국인 최초로 미국의 의사가 되었고, 시민권과 새로운 미국인 아내까지 얻어 필립 제이슨이라는 정식 미국 시민이 되었다.

1894년 3월 개화 독립파의 정신적 지주였던 김옥균이 살해되어 시신이 갈기갈기 찢기는 농지처사를 당한다. 그해 6월 조선에서는 청의 세력을 밀어내려는 일본의 도전으로 청일전쟁이 일어나고 일본이 승리하며 청의 세력이 물러나면서 김홍집 내각이 출범하며 서재필도 김옥균, 박영효, 서광범과 함께 사면된다. 1895년 12월 26일 서재필은 11년 전 갑신정변의 쓰라린 아픔을 안고 김홍집 내각의 외교협판(차관급)에 임명되어 귀국한다. 그가 귀국한 때는 민비시해 사건으로 혼란한 시기였다. 그 후 고종이 러시아공사관으로 피신한 후 김홍집 내각이 무너지면서 서재필도 실각된다.

서재필은 국민들의 자각이 자주독립의 요체라고 판단하고 국민 계몽을 위해 독립신문을 창간한다. 독립신문은 격 일간지로 한글과 영문으로 발행되어 책과 글이 귀하던 시대에 국민들에게 지식을 전달하는 매체로 자리매김했다. 그는 창간호 논설에서 한글의 우수성과 중요성을 강조하고 한글 띄어쓰기 등 새로운 시도를 하며 수백 년간 잠자고 있던 한글을 되살렸다.

서재필은 수천 년간 중국의 속국으로부터 해방되고 일본, 러시아 등 외세로부터 자주성을 확보하는 것이 시급하다고 보았다. 1896년 7월 2일 독립협회를 조직했다. 과거 중국 사신을 맞이했던 영은문을 허물고 그 자리에 프랑스 민중혁명의 위대한 유산인 개선문을 본 뜬 독립문도 세웠다. 독립협회에는 이상재, 윤치호, 이승만 등 신진 개화파 인사들과 조선 정부의 이완용, 안경수 등도 참여했다.

독립협회의 운영은 민주국가 의회 방식으로 주요 의제를 놓고 찬반에 따른 열띤 토론과 과반의 합의 방식으로 결정했다. 독립협회는 1898년 3월 10일 종로에서 시민 1만여 명이 참석한 가운데 만민공동회라는 조선 최초의 대중 집회를 열고 조선 정부의 정책을 비판하고 정치적 요구를 공개적으로 하기 시작했다. 아관파천 이후 친러파에 휘둘리던 고종에게 러시아 간섭으로부터 독립할 것을 요구하자 친러 정부와 독립협회의 관계는 극도로 악화된다.

러시아는 서재필을 추방할 것을 고종에게 공개적으로 요구했고, 고종은 자신의 왕권을 위협한다고 보고 서재필을 1898년 5월 조선에서 추방했다. 그의 나이 34세였다. 그러나 독립협회는 1898년 10월

입헌군주제 실시, 외세로부터의 자주 자립, 정부 예산 공개, 언론과 집회의 보장 등을 요구하는 '헌의 6조'를 요구했다. 그러나 고종은 자신의 권력에 도전하는 입헌군주제를 주장하는 독립협회를 탄압했다. 그리고 이내 어용 단체인 황국협회를 이용하여 독립협회를 해체했다.

서재필은 귀국 이후 배재학당에서 청년들에게 세계사와 지리, 선진 민주주의를 교육하고, 청년전도단 협성회를 만들어 토론, 연설 등을 가르쳤다. 배제학당은 1885년 8월 미국의 북감리교 선교사인 아펜젤러가 설립한 우리나라 최초의 근대식 중등 영어 교육기관이다. 기독교 정신을 기반으로 국가 인재를 기르기 위해 연설 및 토론 중심의 교육 활동을 전개했다. 개화사상에 근거한 우리나라 최초의 근대 교육의 산실이었다. 유교적 구습과 무지에서 벗어나 국가에 기여하는 근대 지식인을 양성하기 위해 인문, 사회, 지리, 과학 등과 함께 영어 독해, 문법, 작문, 철자 등도 가르쳤다. 서양식 구기 종목인 야구, 축구, 테니스, 농구 등도 국내 최초로 소개했다. 서재필은 젊은 학생들에게 애국심과 계몽사상을 주입했다. 한글 활자를 만들어 성서를 인쇄하고 1898년에는 협성회보, 매일신문을 발간하며 한글 보급에도 앞장섰다.

귀국 후 서재필은 독립운동을 위해 돈이 필요하다는 것을 절실히 느끼고 러일전쟁이 일어난 1904년부터 사업에 몰두하며 필립 제이슨 상회를 경영해 큰돈을 벌었다. 1919년 3·1운동을 계기로 미국에서 『The Korea Review』라는 잡지를 매월 2천 부씩 발행하고 '한국의 친구연맹' 등의 독립 지원 단체를 이끌었다. 1919년 4월에는 제1차

미주 한인회를 열어 우리 민족의 독립 의지를 널리 알리는 5개 결의안을 채택하여 발표했다. 당시 상하이에서는 항일 독립운동가들이 임시정부를 세웠다. 이회영, 이시영, 이동녕, 신익희, 여운형 등 29명의 임시의정원들이 대한민국으로 국호를 정하고 임시정부를 탄생시켰다. 이후 김구는 경무국장, 국무총리 대리 등을 거쳐 임시정부를 이끌었다.

서재필이 한국 독립의 당위성을 전 세계에 알리기 위해 미국 내 친한파와 함께 결성한 '한국의 친구연맹'은 미국 내 21개 도시와 영국 런던, 프랑스 파리 등에 지부를 설치하고 각종 모임과 국제회의에서 한국의 독립을 주장했다. 그는 이승만, 주시경 등의 많은 애국 청년들을 키우고 가르친 스승이었다. 조선의 진정한 애국자로 6·25 전쟁 중인 1951년 1월 87세의 나이로 한 많은 세상을 등졌다. 그는 대한민국의 위대한 혁명가이자 개화 독립의 선각자였다.

동아시아 정세와 해방

　1760년에서 1820년 사이 산업혁명으로 급성장한 서구 열강들은 세계로 눈을 돌려 사냥을 나섰다. 새로운 시장이 될 식민지였다.

　민란으로 비틀거리고 있는 청나라를 기웃거리던 영국은 1, 2차 아편전쟁을 일으키며 중국과 동남아시아로 세를 확정했다. 메이지유신으로 나라를 통일하고 국력을 키운 일본도 오랜 꿈이었던 대륙진출 준비를 착착 진행하고 있었다. 일본이 상당한 힘을 비축한 상황에서 서구 열강들도 함부로 넘볼 수 없었다. 일본은 서구와 대등하게 군사력을 갖추며 원만한 관계를 유지하고 있었다.

　이 무렵 조선은 정조가 죽고 순조, 헌조, 철종 등 어린 임금들이 왕위에 올라 외척들에 의한 세도정치가 나라를 어지럽히고 있었다. 세계정세가 어떻게 돌아가는지도 모른 채 1863년 12세 고종이 즉위하고 흥선대원군이 쇄국을 고집하는 가운데 조선은 열강의 각축장이 되었다. 유럽 강대국이 아프리카, 남아메리카, 오스트레일리아, 인도, 동남아시아 등 대륙을 차지하고 동북아시아로 몰려오고 있었는데, 당시 아무것도 모르는 조선을 놓고 청나라와 러시아, 일본은 싸움을 벌인 끝에 결국 한반도는 일본에 먹힌다.

조선은 많은 나라들의 먹잇감 후보였다. 일본에게는 식민지로서 중요했고, 청나라도 한반도를 차지해 동아시아 기득권에서 우위를 확보하려 했으며, 러시아는 부동항 확보를 위해 한반도에 눈독을 들였다. 영국, 프랑스도 동남아시아의 전초기지로 한반도가 필요했다. 아이러니하게도 열강들이 한반도를 놓고 침을 흘리고 있을 때 조선은 언제고 제물이 될 준비가 되어 있었다. 당시 조선은 동북아시아에서 가장 낙후된 나라로 정치, 경제, 사회 모든 면에서 통치력이 약하다고 평가되고 있었다. 이는 열강들에게는 이점이었다.

1866년 2월 흥선대원군이 프랑스 신부 9명을 포함하여 8천여 명의 천주교도를 무자비하게 처형한 병인박해가 일어났다. 격분한 프랑스는 즉각 보복을 선언했다. 1866년 6월 8일에는 대포로 무장한 미국 상선 제너럴셔먼호가 대동강을 거슬러 올라와 통상 교섭을 요구했다. 이에 평양감사 박규수는 강물이 줄어 그 자리에 묶인 제너럴셔먼호를 화포로 공격하여 전원 몰살시켰다. 1866년 10월에는 프랑스가 천주교 신부의 처형을 보복하기 위해 군함 7척과 600여 명의 병력을 보내 강화도 일대에서 병인양요를 일으켰다. 이때 프랑스는 조선의 많은 유물과 자료를 탈취해 갔다. 1871년 5월 미국은 제너럴셔먼호 사건을 보복하기 위해 군함 5척과 1230명의 병력을 보내는데, 이것이 바로 강화도 해전인 신미양요다.

1875년 9월 고종 12년에는 일본이 조선의 개방을 요구하며 불법 침투해왔다. 군함 운요호를 강화도에 보내 약탈한 뒤 퇴각하였으나 부산항 등으로 침투는 계속되었다. 이를 계기로 1876년 2월 일본은 강화도에 상륙하여 무력 시위로 강화도 조약을 체결했다. 이것이 조일수호조규이다. 이로써 부산, 원산, 인천항이 반강제로 개항되었다.

이후 서구 열강들이 앞 다투어 조선과 수교 통상조약을 맺었다. 미국을 시작으로 영국, 독일, 러시아, 이탈리아, 프랑스, 오스트리아 등이었다. 영국군은 조선 몰래 1885년 4월부터 1887년 2월까지 23개월간 거문도를 무단으로 점유했다. 군 관련 시설도 짓고 홍콩에서 거문도까지 해저통신 케이블을 설치하기도 했다. 동북아시아 패권을 잡고 러시아의 남진 정책을 저지하겠다는 속셈이었다. 그러나 거문도가 전략적으로 도움이 안 되자 스스로 철수했다. 조선의 조정은 영국군이 온 사실조차 모르고 있다가 뒤늦게 청나라를 통해서 알게 된다. 이 사건은 한반도에 서양의 군대가 주둔한 첫 사례다.

1894년 6월부터 1895년 4월까지 조선의 지배권을 놓고 다툰 청일전쟁이 일어났다. 조선에서 벌어진 전투는 막대한 피해를 입혔고, 곧이어 일본은 중국 본토로 들어가 1895년 2월 산둥반도 웨이하이웨이에서 정여창이 이끄는 청나라 해군을 공격했다. 여기서 승리한 일본은 청나라로부터 거액의 배상을 받고 요동반도, 타이완 등을 할양받았다. 아시아 패권은 일본으로 넘어갔다.

요동반도는 러시아가 중심이 된 3국의 압력으로 청나라에 어쩔 수 없이 돌려주었지만 이는 러시아와 일본의 갈등을 심화시킨다. 당시 러시아는 만주와 한반도를 손에 넣으려는 야욕이 컸다. 1895년 일본인 자객이 친러 외교를 펼친 명성황후를 살해하는 을미사변이 일어났다. 신변의 위험을 느낀 고종과 세자는 1896년 2월 경복궁을 나와 러시아공사관으로 거처를 옮기고 1년간 숨어 지낸다. 그동안 러시아는 고종의 환궁에 대비해 경비군을 훈련시킨다는 명분으로 군사 교관단을 조선에 파병했다. 이는 일본을 견제하고 아시아에서 영향력을 놓치지 않으려는 러시아의 계략이었다.

1897년 2월 5일 고종은 러시아공사관을 나와 국호를 대한제국으로 고치고 황제에 즉위한다. 그 후 2010년 7월까지 3년간 재위하였으나 일본의 강압에 의해 순종에게 자리를 내어준다.

일본은 메이지 유신 기간 중 함포를 앞세우고 개항을 요구한 미국과 미일수호통상조약을 맺었다. 뒤이어 영국 등 유럽 국가들과도 조약을 맺어 통상으로 산업을 발전시킨다. 산업혁명의 근원지인 영국과의 교류가 가장 활발했다. 강화도를 밀고 들어온 운요호도 영국에서 수입한 군함이다.

서양 문물을 받아들이기 시작하자 일본의 산업은 비약적으로 발전하였고, 청일전쟁 등에서 승리하면서 세계 패권을 향한 도전과 야욕도 커졌다. 한편 러시아는 유럽에서의 부동항 확보 전략이 독일의 방해로 어려워지자 아시아로 눈을 돌려 요동반도, 만주에 눈독을 들였다. 조선 고종의 아관파천을 계기로 조선에서 친러 세력을 확보한 러시아는 일본에게 만주 독립권을 요구하고, 대한제국에서 군사 활동을 제한할 것과 북위 39도 이북에 중립 지대를 설정할 것을 요구했다. 한반도 분할이라는 발상은 이미 이때부터 시작되었음을 알 수 있다.

러일전쟁은 1904년 5월 일본의 선제 공격으로 시작되었다. 1905년 5월 쓰시마에 대기하고 있던 일본 함대가 러시아 발틱 함대를 격파해 승리함으로써 일본은 침략주의의 기치를 더 높일 수 있는 자신감이 붙었다. 러시아는 사할린 일부를 빼앗기는 등 피해를 입으며 한풀 꺾였다. 1902년 일본과 동맹을 체결한 영국은 일본의 가장 든든한 후원자였다.

러일전쟁에서 일본의 승리는 한반도의 운명을 바꿔놓았다. 한반도를 강취하는 데 더 이상 적이 없어진 일본은 대한제국 침탈을 본격화하기 시작했다. 1905년 11월 외교권을 박탈하여 대한제국을 위성국가로 만들고, 1910년 8월 29일 대한제국의 통치권을 빼앗는 한국강제병합 조약을 체결했다. 한마디로 조선이 망한 것이다.

청나라는 청일전쟁에 패한 후 서구 열강에 시달리며 내외우환을 겪고 있었고, 러시아는 러일전쟁에서 패해 국력이 약화되었다. 일본은 영국, 미국과 통상조약과 동맹을 체결해 서로의 우호국이 되었다. 일본은 러일전쟁의 전리품으로 대한제국을 총 한 방 쏘지 않고 집어삼켰다. 조선은 쉽게 먹혔다.

이후 대륙 진출의 교두보를 마련한 일본은 청나라를 멸망시킨 중국의 장개석 국민당 정부를 상대로 만주전쟁을 일으켜 승리한다. 이어 동북3성 지역에 만주국을 세웠다. 일본은 다시 중일전쟁을 벌여 베이징, 텐진, 상하이, 난징 등을 점령하고 제2차 세계대전이 끝날 때까지 중국 본토를 쑥대밭을 만들었다. 러일전쟁에서 패한 제정 러시아는 1917년 볼셰비키 혁명으로 붕괴되고 소비에트사회주의 연방공화국이 수립되었다.

1937년 독일의 폴란드 침공으로 제2차 세계대전이 발발했다. 독일, 이탈리아, 일본은 1940년 9월 베를린에서 3국 동맹을 맺어 추축국으로서 침략 전쟁을 주도한다. 급기야 일본이 1941년 미국 하와이 진주만을 공습함으로써 미국까지 참전하는 세계 전쟁으로 비화되었다.

소련, 영국, 프랑스, 미국을 중심으로 한 연합군은 마침내 1945년 5월 독일을 항복시키고, 미국은 일본 히로시마와 나가사키에 원자폭탄을 투하하여 일본을 무력화했다. 제2차 세계대전 승리의 견인차 역할을 한 미국은 세계 요충지에 군대를 그대로 주둔시켰다. 1943년 11월 미국의 루스벨트, 영국의 처칠, 중화민국의 장개석은 카이로에서 만나 일본 본토는 연합국이 건드리지 않고 그대로 두고, 한국은 자유 국가로 독립시킬 것에 합의했다. 1945년 2월 루스벨트, 처칠, 스탈린은 우크라이나 얄타에 모여 독일 영토를 프랑스, 영국, 미국, 소련이 분할 점령하기로 했다. 소련은 러일전쟁에서 잃어버린 사할린을 일본으로부터 반환받기로 합의하고 일본에 원자폭탄이 투하된 지 하루 뒤인 1945년 8월 8일에 참전했다.

얄타 회담에서는 한반도를 미국, 영국, 중국, 소련이 분할 점령하는 안이 마련되었으나 정식으로 토론하지는 않았다. 1945년 7월 미국의 트루먼, 영국의 처칠은 독일의 포츠담에서 만나 일본에게 항복할 것을 권유했다. 회담에서는 일본의 항복을 받아내어 무장 해제시키고, 일본 영토에서 일본이 무력으로 점령한 동남아시아 여러 곳은 제외시키며 한국의 독립을 재차 확인하는 선언문을 작성했다. 여기에 중국과 소련이 서명하면서 마무리된다. 하지만 연합국의 요구를 계속 무시한 일본은 원자폭탄이 본토에 투하되자 1945년 8월 15일 종전선언을 하고 항복했다. 이렇게 제2차 태평양전쟁은 끝났고 한반도는 해방되었다. 누구도 예측하지 못한 갑작스러운 해방이었다.

5부

역사의 기억은
반성에서 시작된다

부끄러움이 없는 일본

　일본은 제국주의의 악행을 숨기고 자국 중심의 선 사상을 국민들에게 주입시키는 한편, 신자포니즘을 전 세계에 퍼트려 자국의 방어 이론으로 삼고 있다. 일본 군인 3백만 명과 아시아인 2천만 명을 죽인 오욕의 전쟁 역사를 부끄러워하기는커녕 "진 것도 국가, 이긴 것도 국가"라며 동양 평화, 아시아 해방이라는 성전으로 포장하고 있다.

　일본은 부끄러워해야 할 역사를 호도하고, 부끄러움을 지우려는 행위를 멈추지 않고 있다. 그들이 부끄러운 역사를 지우지 않고 스스로 반성하고 자각할 때 진정한 선진국의 위상을 갖출 수 있음을 알아야 한다. 1985년 8월 15일 나카소네 총리가 야스쿠니 신사를 참배하며 "영광과 오욕을 함께하는 것이 국민이고 오욕을 버리고 영광만을 추구하여 전진하는 것이 국가"라 말하며 전쟁을 미화했다. 그러나 독일은 달랐다. 1951년 콘라트 아데나워 총리는 "독일 민족의 이름으로 말로 다 할 수 없을 만큼 큰 죄를 저질렀다. 독일은 도덕적, 물질적 책임을 다할 것이다"라는 성명을 발표했다. 그리고 유대인을 비롯해 나치의 박해를 받은 러시아, 벨라루스, 우크라이나의 피해자들에게 보상을 추진했다.

일본은 지난 역사와 근세기에 간악무도한 전쟁을 일으키고도 '표리부동은 생존의 방편', '국화와 칼'이라는 이중적 논리로 가해의 역사를 외면하며 배타적이고 폭력적인 사고를 버리지 못하고 있다. 살인자든, 역적이든, 도둑이든, 모두 신(부처)이 된다는 괴이한 전통 사상과 "조약돌이 바위가 되고 이끼가 낄 때까지 영원하리라"는 배타적인 자국 중심의 철학으로 진실을 은폐하고 있다.

체면을 중시하는 일본인은 수치스럽게 사느니 자결을 택한다. 이러한 특유의 사고방식과 문화적 전통은 이중성에서 기인한다. 남에게 폐(메이와쿠)를 끼치지 않는(나라나이) 것이 기본이라고 가정과 학교에서 입이 닳도록 가르친다. 이렇듯 상대방에 대한 배려와 예의는 일본인의 기본 태도다. 그런데 전쟁의 부끄러움은 지우려 한다. 일본의 오랜 역사를 들여다보면 윤리와 도덕을 의무처럼 사회 규범으로 삼았다. 지금도 '메이와쿠'라는 말은 일본 사회 전반에 뿌리 깊게 스며 있다. 남과 이웃에 폐를 끼치는 것을 죄악시하는 의식은 남에게 피해를 주는 메이와쿠메일의 엄격한 규제에서도 찾아볼 수 있다.

그러나 국경을 넘으면 이러한 규범이 사라진다. 과거 일본의 전쟁

과 침략으로 주변국에 준 엄청난 폐는 물론이고 자국 국민에게도 엄청난 피해를 주었다. 지금도 그 역사와 사실을 인정하지 않고 오히려 왜곡하는 일부 정치 지도자들을 보면 윤리와 도덕의식은 폐기해 버린 듯하다. 윤리와 도덕이 상실된 일본이 과연 아시아와 세계에서 지도적 지위를 유지할 수 있겠는가.

독일은 청소년들에게 아우슈비츠의 참상을 정직하게 밝히고 반성과 사죄의 자세를 교육한다. 일본 제국의 만행에 대한 비판과 반성이 없는 일본 교육은 교육이 아니다. 부끄러움을 숨기거나 회피하지 않고 부끄러움을 극복하는 일이 모든 억압으로부터 해방되는 역사적 결단이다. 윤리와 도덕의식을 상실한 국민이 어째서 수치심은 두려워하는가. 일본 정부가 스스로 일본군 성노예에 관한 자신들의 부끄러운 역사를 세상에 밝혀야 한다. 숨기려 하지 않고 기억하려는 태도가 더 숭고하다.

고노 담화는 존중되어야 한다. 하지만 고노 담화를 영광되게 하는 정치인은 없었다. 고노 담화를 부정하려는 세력과 움직임이 역사수정주의로 확산되고 있다. 일본 사회에 뿌리 깊게 박혀 있는 지배와 피지배 의식, 한국과 중국에 대한 민족적 편견은 사죄와 법적 책임을 막고 있다. 일본 정부가 일본군 위안부에 대한 국가적 가해를 인정하고 그 책임을 명확히 할 때 스스로 성숙한 자신감을 찾을 수 있다. 숨기면 숨길수록, 지우면 지울수록, 덮으면 덮을수록 그 문제는 되살아나 꿈틀거릴 뿐이다. 2000년 12월 도쿄에서 개최된 여성국제전범법정을 위한 일본 여성 단체들의 노력은 국가적으로 부끄러윘던 역사를 알리고, 위안부 피해자의 인간적 존엄성과 인권 회복을 위한 커다란 성과였다. 아직도 일본 사회에 남아 있는 지배와 피지배, 인종적 편견, 여성에 대한 차별은 사죄와 법적 책임을 막고 있다. 빌리브란트 서독 수상은 자신들이 가해한 피해 국민 앞에 무릎을 꿇었으면서도 오히려 독일을 세계 일등국으로 우뚝 세웠다.

도쿄 여성인권선언을 권유한다

히로시마, 나가사키 원폭 투하, 히틀러의 홀로코스트 등 인류를 지옥으로 내몬 제2차 세계대전 후 그 끔찍했던 역사의 피 묻은 손으로 1948년 12월 세계인권선언이 작성되었다.

제1조 "모든 사람은 자유로운 존재로 태어났고 똑같은 존엄과 권리를 가진다"는 인권의 중요성을 강조했다. "모든 사람은 생명과 신체의 자유와 안전에 대한 권리를 가지며 어느 누구도 노예 상태 또는 예속 상태에 놓이지 아니한다"라는 선언도 포함되어 있다.

그러나 1951년 9월 샌프란시스코 조약 14조에는 "일본 혹은 일본인이 전쟁 중에 행한 모든 행위에 대해 연합국 및 연합국 국민의 기타 요구는 포기한다"라는 조항이 있다. 일본이 태평양전쟁, 중일전쟁 당시 아시아 14국에게 끼쳤던 막대한 피해와 인권 유린을 무효화했다.

　일본군 종군 위안부 동원은 인권 침해, 전쟁 범죄, 반인도적 범죄를 금하는 국제인권법과 국제인도법을 위반했다. 1991년 김학순 할머니 등 3명의 위안부 피해 할머니는 일본 정부를 상대로 일본 법원에 지난 30년 동안 10여 건의 소송을 제기했다. 그러나 공소시효 만료, 전쟁 수행 상황의 국가 무책임주의, 전후 조약에 의한 청구권 상실 등을 내세워 기각했다. 2021년 4월 21일 한국 법원이 일본 정부를 상대로 제기한 일본군 성노예 강제동원에 대한 피해보상 청구 소송도 주권면제 이유로 기각되었다. 주권면제(State Immunity)란 '모든 국가의 주권이 서로 평등하기 때문에 자국 내 법원에서 외국 정부가 재판을 받을 수 없다'는 국제법상의 기본 원칙을 말한다. 위안부 문제가 국제적으로 사법 심사 대상이 되지 않는다는, 국가 간의 정치적, 외교적 문제로 보았다.

　세계인권선언은 유대인 학살을 나치가 민족 정체성의 차이를 빌미로 자행한 인권 유린이라고 선언했다. 2000년 12월 도쿄에서 열린 여성국제전범법정은 국제기구와 피해국 단체들이 일본 제국주의가 자행한 전시 여성 인권 유린의 참상을 전 세계에 폭로하고 해결해나가기 위해 마련했다. 이로써 최종적인 권고안도 만들어졌다.

　일본은 1992년 이후 일본군 성노예 범죄에 대한 도덕적 책임을 인정하고, 관련한 연구와 자료 공개, 공식 사과와 같은 배상 조치, 인도주의적 제안 등 미흡하나마 제한적 조치를 취해왔다. 또한 분쟁으로 폐허가 된 국가의 사후 복구에 가장 많은 기부를 하는 등 실질적인 노력도 해왔다.

　이제 일본은 인권 선진국이라는 국제적 리더십을 보여주어야 한다. 일본군 성노예 범죄에 대한 책임을 인정하는 도쿄여성인권선언을 내놓아야 한다. 그리고 일본 정부와 국회는 인류 역사에서 전쟁으로 인한 여성 인권의 박탈과 훼손 등 불행했던 과거를 영원히 기억할 수 있는 조치를 강구해야 한다. 도쿄여성인권선언을 공표해 나치 정부와 단절했던 현 독일 정부처럼 패전 이후에도 유지되고 있는 천황제, 미카도이즘 등 군국주의의 유령과도 단절해야 한다.

　일본이 국제 사회에서 리더십을 회복하고 유지하기 위해서는 아직도 국제적 논란이 되고 있는 일본군 위안부 여성 성노예 문제를 한국을 비롯한 주변국과의 화해를 통해 풀어가야 한다.

부끄러움이 없는 한국

한국 사회는 친일과 반일로 양분되어 있다. 갈등과 분열로 얼룩진 한국 사회가 나아가기 위해서는 새로운 역사 인식이 필요하다. 한국의 역사 인식에는 자기반성이 없다. 과잉 포장으로 부끄러운 역사를 덮으려 한다. 부끄러워해야 할 역사에 부끄러움을 느껴야 반성이 뒤따른다.

자만과 자족, 허위로 부끄러운 역사를 은폐하는 것은 역사와의 단절, 불화를 의미한다. 일본에게 당하고 짓밟혔던 과거를 상쇄하기 위해 우리는 조국에 절망하고 민족에 분노하며 일본을 원망한다. 무능해서 당한 조선 왕조에 대한 비판은 간과하고 반일 역사 교육과 반일 사상에 사로잡혀 있다.

18세기 중엽까지 조선은 중국 대륙에 복속된 국가였다. 당시에는

'친명배청'이냐 '친청사대'이냐를 놓고 분열했다. 외세가 몰려오며 대륙파(친중수구파)와 해양파(친일개화파)로 나뉘었으나 해양파의 힘은 미미했다. 친중수구파 내에서 흥선대원군과 민비 세력이 다툼을 벌이다 대원군이 10년 권좌에 물러났다. 그 후 다시 청을 업고 대원군이 권좌에 오르려 신구 친청수구파 간의 대립이 있었으나 청의 이홍장이 지지한 민비 세력이 이겼다. 다시 친일개화파가 갑신정변을 일으키고 청의 세력을 제거하려 했으나 대륙 세력(청)을 잡고 있는 민비 세력이 다시 승리했다.

청일전쟁과 러일전쟁에서 대륙 세력을 이긴 해양 세력 일본이 청과 러시아 세력을 조선에서 몰아내고 조선을 차지했다. 대륙파(친중, 러) 해양파(친일, 미)로 나뉘어 갈팡질팡하던 조선은 마침내 일본의 식민지로 전락했다. 부끄럽게도 고종과 그의 일족은 모두 살아 일본 황가의 황공족이 되었다. 조선의 사대부와 양반 세력은 극히 일부만 제외하고 식민지 일제 귀족으로 대부분 편입되어 부와 권력을 나누어 가졌다. 해외로 나간 집권 양반 세력도 대륙파, 해양파로 나뉘었다.

사실 나라를 빼앗기기 전까지는 '애국'이란 말도 없었고, 오직 왕에 대한 충성뿐이었다. 단지 백성들과 신하는 임금을 위해, 상민과 노비는 양반을 위해 존재하는 도구적 삶이었다. 부끄러운 역사가 시작되었다. 이때부터 식민사관, 민족사관이 어느덧 친중친북 진보좌파, 친일친미 보수우파로 나뉘었다. 식민지 역사는 부끄러운 역사일 뿐이다. 조선 말의 역사를 미화하고 입이 마르도록 고종을 성군, 민비를 영빈, 흥선대원군을 개혁 군주라 떠들어대는 자만의 역사든,

식민지 역사는 부끄러운 역사임을 알아야 한다.

우리의 식민 역사에서 일본군 위안부 문제는 수치스러운 역사로 은폐하려 든다. 우리에겐 망국의 역사, 가난의 역사, 차별의 역사, 여성 수난의 역사, 친중 반일의 역사가 있다. 여기서 가장 핵심적인 물음을 스스로 던져야 한다. 누가 망국으로 이끌었는가. 그것은 흥선대원군, 고종과 민비 그리고 그들을 추종했던 세도 문벌, 양반 족벌 세력들이었다.

청나라의 정치가 량치차오는 조선과 일본 관계에 대해 많은 글을 썼다. 그는 「아! 한국, 아! 한국황제, 아! 한국 국민」이라는 글에서 "한국이 완전히 망했다"로 시작한다. 한국은 한국 황제가 망하게 한 것이고, 한국 인민이 망하게 한 것이라고 했다. 스스로 망하지 않는다면 망하게 할 수 있는 자는 없다. 한국강제병합 조약 발효를 앞두고 고종 황제 즉위 4주년을 기념하는 잔치를 벌이는 한심한 한국 조정과 국민의 작태를 보고 국가의식이나 주권의식은 찾아보기 어렵다며 량치차오는 동정과 애통함을 표현했다. 그는 절대로 조선처럼 되지는 말자고 중국의 분발을 촉구했다. 그래서 중국은 반식민지로 그나마 명줄을 보존했는지도 모른다.

왜 나라가 망했으며, 왜 40년 동안 스스로 나라를 찾지 못했는지에 대한 반성은 없다. 독립 투쟁의 역사를 스스로의 독립 투쟁으로 나라를 찾은 양 과대 포장하고, 고종을 현군, 명군이라는 칭송하는 역사를 보면 '천황 폐하 만세'를 외치는 일본 제국주의와 다를 바 없다. 반일 제국주의, 반일을 소리 높여 외쳐도, 나라를 말아먹은 조선의 정치 집단이 아무리 포장을 한대도 그것은 대역죄이다.

매국의 역사에서 고종이 자유로울 수 있는가. 조선의 왕손 가운데 국내는 물론 중국, 미국, 해외에서 피로써 독립운동을 한 자가 있는가. 오히려 외세로부터 조선 독립과 개혁을 위해 목숨을 걸었던 젊은 개화파들을 대역죄인으로 몰아 삼족까지 멸했다. 국권보다 정권, 왕통이 더 중요했던 고종은 자신을 노릴지도 모를 자신의 창은 버리고 방패만 가지고 피하다가 나라를 몰락시켰다.

친중, 친북 진보 진영과 친미, 친일 보수 진영의 대립을 보면 한국은 아직도 조선 말의 정치처럼 대륙파와 해양파로 나뉘어 싸우는 듯하다. 독립운동가이자 언론인 장준하는 "우리 조상들은 조국을 몰라 조국을 귀하게 여기지 못했고, 조국을 귀하게 여기지 못해 조국을 팔았다. 나는 또다시 이런 못난 조상이 되지 않겠다며 광활한 대륙의 수수밭 속에 누워 마른 입으로 몇 번이나 되씹었다. 차가운 눈덩이를 베개로 하여 엄동의 밤을 지새며 한없이 울부짖던 말은 나라를 빼앗긴 못난 조상에 대한 한스러움과 다시는 후손들에게 욕된 유산을 물려주지 않겠다는 나의 단호한 결의였다"라며 절규했다.

스스로를 제대로 알아야 한다. 량치차오의 말처럼 우리는 스스로 망했다. 누구를 원망하기 전에 비판의 화살은 자기 자신에게 먼저 겨눠야 한다.

왜 반일은 있는데 반중은 없는가

우리의 반일 감정의 근거는 일본의 침략이다. 고려와 조선 시대에는 끊임없이 왜구의 노략질에 시달렸고, 임진왜란과 정유재란으로 이어지는 7년 전쟁은 일본에 대한 뿌리 깊은 혐오를 만들었다.

임진왜란으로 도공 등 수많은 인질이 일본으로 끌려가 노예가 되었고, 조선인의 귀를 베어 매장한 코무덤 등 불행한 역사의 상흔이 아직도 가슴에 남아 있다. 청일전쟁, 러일전쟁으로 정한론이 대두되고 끝내 한국강제병합이라는 국권 침탈을 통해 내선일체, 민족 말살의 동화 정책이 자행되었다. 이 과정에서 경제, 교육, 산업 인프라 확충 등 부분적 발전이 있었다 할지라도 강도가 남의 집 앞마당에 파 놓은 금광으로 부자가 됐다는 식의 식민지 근대화론은 맞지 않다. 아직도 40년 일본 통치 역사에서 파생된 일본군 위안부, 독도 영유권, 역사 교과서, 강제징용, 원폭 피해자, 야스쿠니 참배, 재일 한국인 차별 등 수많은 문제가 남아 있다. 그러나 자의든 타의든 대한민국은 일본의 메이지 유신이라는 근대화 과정과 1945년 8월 패전 이후 1964년 도쿄 올림픽까지 20여 년간 경제 부흥을 일본으로부터 배웠다.

『일본의 위협(Japan Inside Out)』을 저술했던 초대 이승만 대통령도 평화선 선포(이승만 라인), 6·25전쟁 당시 일본의 참전 및 지원 반대 등 반일 노선을 견지했다. 메이지 유신과 전후 일본의 부흥을 배우고 지켜본 박정희 대통령은 1965년 한일협정을 통해 일본으로부터 배상을 받고 자본 기술을 도입해 부국강병의 기틀을 만들었다. 이로써 대한민국 빈곤의 역사를 청산했다.

반일 감정의 역사는 이순신 장군, 안중근 의사, 윤봉길 의사, 유관순 열사 등 항일 투쟁의 영웅들만 대한민국사에 남겼다. 친일, 친중, 친미를 이용해 자주독립을 실현하려 했던 개혁가들의 업적은 지워지고 거부되었다. 이 가운데서도 유독 친일은 매국으로 치부했다. 반일은 이데올로기도 넘어서는 저항적 민족주의로 자리 잡았다.

가까울수록 싸움도 원한도 많다는 속담처럼 대중국 역사도 일본 못지않다. 중국 관계사를 살펴보면 일본 식민지 40년 역사와는 게임이 되지 않는다. 중국은 한반도를 수백 년간 이념적으로 지배했다. 우리나라는 고대부터 중국으로부터 많은 문화를 이어받았다. 신라 시대 나당 연합을 시발로 임진왜란 당시의 명군 파병 등 군사적 동맹 관계도 유지했다. 근세에는 일본의 침략으로 피해를 겪으며 항일 투쟁 전선도 함께 구축했다.

그러나 고려가 송나라, 원나라의 속국으로 전락하고, 원나라는 고려 백 년을 지배했다. 고려의 이성계는 원명 교체 시기에 명나라의 지지를 받고 역성혁명에 성공할 수 있었다. 조선이란 국호도 명나라로부터 승인받았다. 그러나 만주족을 중심으로 한 청나라가 득세하고 명나라가 쇠퇴하는 가운데 숭명배청의 조선은 정묘호란과 병자호란으로 쑥대밭이 된다. 병자호란으로 조선 왕이 청 황제에 무릎을 꿇고 삼궤구고두의 굴욕을 당한 후 왕자를 비롯한 수만 명의 인질이 노예로 끌려갔다.

조선 말 임오군란 당시 조선에 들어온 청군의 횡포는 갑신정변을 거치며 더욱 노골화된다. 청의 위안스카이는 고종을 갖고 놀았으며 장꾸이(장깨)로 불리는 청국 상인들의 횡포는 하늘을 찔렀다. 중국이 공산화된 이후 항미원조라는 명목으로 6·25전쟁에 참전함으로써 한반도 통일의 기회는 멀어졌다. 최근 들어 동북공정으로 불리는 역사 왜곡, 사드 배치로 인한 한한령 등의 경제 보복, 한국 연예인 비방 등은 중국에 대한 부정적 인식을 확산시켰다.

1983년 중국 여객기 불시착 사건을 계기로 1992년 8월 14일 수교를 재개한 이후 중국이 자국 중심의 패권주의로 역사 공정뿐만 아니라 문화 공정까지 일삼는 행태에 대하여 한국 정부는 오랫동안 침묵하며 친중 노선을 걷고 있다. 중국이 강대국임을 과시해 한국을 소국, 과거의 속국 등으로 운운하며 군림해도 한국 정부는 노코멘트다. 다수의 국민들도 침묵하고 있다. 반일은 죽창 등을 운운하며 여론이 죽 끓듯하지만 반중은 침묵하는 것이 한국의 현실이다.

희생자의식 민족주의

위안부 문제가 우리에게 준 교훈은 무엇인가. 우리는 피해자이고 일본은 가해자라는 시각에서 우리는 자유로울 수 있는가. 희생자 민족주의 프레임을 만들어 정치적으로 이용해오지는 않았는가.

우리는 일본군 위안부 문제를 잊지 않아야 한다. 잊을 수도 없다. 그러나 일본인이라는 이유로 전적인 책임을 묻는 집단적이고 집합적인 유죄를 전가하는 태도는 위험하다.

독일의 정치철학자 한나 아렌트는 홀로코스트의 모든 악행은 독일인이라는 공식으로 역사를 바라보는 태도는 위험하다고 경고했다.

"책임은 그가 한 행위와 그에 따른 결과에 대한 책임을 묻는 것이어야 하나 자기중심적 역사는 집합적 유죄 논리로 가해자 민족 전체를 단죄하거나 피해 민족 전부에게 정당성을 부여하는 집단적 심성이 발휘되기 쉽다. 국가와 국민이라는 개념이 다르기에 국가에게 책임을 물을 수는 있지만 국민에게는 책임을 묻기 어렵다"라고 했다.

전체주의 국가에서 한 인간은 매우 불안전하고 나약한 존재이기 때문에 아무렇지도 않게 학살 실행 버튼을 누를 수 있다는 것이다. 그것이 그 유명한 '악의 평범성'이다. 그렇지만 타인에게 공감하지 못하고 비판 없이 행동하는 것은 무책임이며 죄라고 단언했다. 한나 아렌트의 관점은 당시 매우 급진적이어서 유대인들로부터 거센 비난을 받았다. 전체주의 국가에 죄를 묻고 학살자 개인을 용서하는 듯한 발언으로 들렸기 때문이다. 하지만 인간과 역사를 바라보는 그녀의 깊은 사유는 지금 역사학계와 정치학계에서 크게 인정을 받고 있다.

위안부 문제를 해결하기 어려운 것도 홀로코스트 문제와 유사한 사안이기 때문이다. 일본인 전체를 강간범으로 볼 수 없다. 위안부를 착취한 일개 일본군을 강간범으로 몰기도 어렵다. 국가가 조직적으로 죄를 저질렀기 때문이다. 죄는 분명하지만 죄를 물을 방법을 찾기 어렵다.

우리는 일본을 일본 국민과 동일하게 본다. 제국주의는 국가이고 제국주의로 인해 제국주의 국민도 희생자이기 때문에 제국주의 시대는 가해자와 피해자가 공존했다. 가해자에게 물어야 할 책임을 피해자인 국민에게 묻기 어려우며, 일본 국가의 문제를 놓고 국민 전체를 범죄 집단화하는 것은 옳지 않다.

식민지 시대에 살았던 조상들의 역사적 사실을 제대로 평가하여

친일의 굴레를 씌우고 반민족주의자로 낙인을 찍을 수 있을까. 이것이 얼마나 어렵고 큰 오류를 범할 수 있는지 경계해야 한다. 오직 문서와 자료에 근거한 단죄는 위험하다. 당시의 시대적 상황이 무시될 수 있기 때문이다. 친일파를 단죄하는 우리 안의 파시즘, 민족이 공유하고 있는 희생자의식도 경계해야 한다.

희생자의식 민족주의는 1990년 초 위안부 문제의 확산과 함께 평범한 일본인에게까지 비도덕적이고 추한 민족이라고 낙인찍는 반일 정서로 확대되었다. 이러한 민족 감정이 위안부 문제로 확대 재생산되며 공격과 비난이 전 세계로 번져나갔다. 일본 제국주의 시대에 조상이 저지른 부끄러운 역사를 공개적으로 비난하는 대응 방식은 공감하기 어렵다. 이에 대한 반작용으로 혐한 의식이 높아지고 일본 내 친한파들조차도 도가 지나치다는 반한 정서가 퍼졌다.

과거 한일 간 역사 갈등의 주제는 독도 문제였으나 위안부 문제가 외교적, 경제적, 사회적 갈등으로 번지며 한일 관계를 총체적으로 악화시켰다. 한국에서는 위안부 운동단체, 지원단체, 시민단체, 소수의 연구자와 정치인들이 한일 관계를 좌지우지하는 시대가 되었다. 위안부 문제에 이의를 제기하거나 희생자의식 민족주의에 반하는 이견을 내놓으면 매국노, 친일파로 몰렸다. 오히려 한일 갈등을 조장하고 부추기는 세력이나 언론, 담론들이 받아들여지고, 일제 불매운동, 죽창가를 부르는 세력이 애국자로 환영받았다.

일제 식민 시대의 불행한 역사가 갈등과 분열을 야기하고 새로운 싸움을 일으키고 있다. 내 주장대로 생각하고 행동하지 않으면 적으로 간주하는 반지성적 이분법적 사고는 빛을 놓고 입자냐 파장이냐 하고 싸우는 격이다. 문제 해결이 아닌 또 다른 문제를 야기하는 것이다.

이웃과 싸울수록 이웃의 담은 점점 더 높아진다는 속담이 있다. 죄 지은 자를 용서하는 것은 피해자의 특권이다. 경쟁하고 이기고 지배하고 빼앗는 역사는 모두를 파멸의 길로 이끈다. 화해와 용서가 있는 세상, 인간과 인간, 국가와 국가가 서로 연결되어 있음을 인식하는 유기체적 자연관을 받아들여야 한다. 적자생존의 세상에서 공존공영과 평화의 길을 찾을 수 있는 현명한 성찰이 필요한 때다. 올바른 역사 인식은 나와 타자, 국가와 국가를 새로운 연대로 엮어줄 수 있다.

분열주의 역사관에서 벗어나자

인간은 자신이 속한 조직이나 사회가 정의롭다고 믿는 경향이 있다. 중국인은 중국이 세계의 중심이라고 생각한다. 미국인은 미국이 세계의 자유와 평화를 지키는 수호자라고 여긴다. 그러면서도 인디언 살육과 흑인 노예제, 남부 흑인 학살 사건, 오랜 인종 차별의 어두운 역사는 지워버린다. 영국인도, 프랑스인도, 한국인도, 심지어 북한인들도 민족중심주의를 가지고 있다.

인간의 사고방식은 자신이 살아가는 울타리 안에서 만들어진다. 대부분의 사람들은 생각의 한계를 깨지 못한다. 애써 노력해야 하기 때문이다. 한반도의 미세먼지를 두고 한국인은 중국에서 온 것이라고 생각하고, 중국인은 한국 환경의 문제라고 말한다. 진실은 두 개일 리가 없는데 각자 생각하는 대로 말한다. 우리의 가치 판단은 자기 자신에게 이익이 되거나 집단 이익에 유리한 방향을 가리킨다. 그래서 진실이 왜곡되는 것이다. 각자 자신이 현명하다고 여기지만 알고 보면 자기가 보고 들은 대로 하거나, 외부에 영향을 받은 채로 사건이나 사물을 인식한다. 우리의 역사 인식도 이와 다르지 않다.

프랑스 역사가 레몽 아롱은 제2차 세계대전 때 독일 히틀러의 침공으로 파리가 함락되어 독일에 협조하는 비시 정권과 드골의 자유 정권으로 분열되어 있을 때 새로운 역사관을 제시했다. 그것이 '창과 방패 설'이다. 독일 침공으로 인한 국내 피해를 최소화하고 프랑스를 위해 어쩔 수 없이 협조한 비시 정권을 방패로, 영국에 망명 정부를 세워 레지스탕스 활동을 벌인 드골 정권을 창으로 인식하여 분열의 기억을 지우고 조국 독립을 위한 공동의 기억으로 하자고 제안했다. 정복자들에 협력할 수밖에 없는 굴욕적 환경에서 살아온 사람이든, 타국에서 독립운동을 벌였든, 프랑스 국민이면 모두 나치 정부와 싸웠고 고통을 함께한 같은 역사로 묶었다. 하지만 국가를 잃은 책임을 프랑스 국민 전체에게 물으면서 지도자를 포함해 "모두가 쓰레기였다"라는 비판도 있다.

우리나라 정치가들에게 친일 청산은 정권에 유리한 방향으로 이용하기 위한 단골 메뉴로 이용되어 왔다. 대한민국의 독립은 연합국의 급격한 승리로 인해 예상치 못하게 이루어졌다. 함석헌 선생의 말처럼 우리 자신의 역량이 아니라 어느 날 갑자기 세계사적 행운이 찾아온 것이다. 중국, 미국을 비롯한 해외에서의 독립운동은 당연히 민족사적으로 칭송하고 찬양받아야 마땅하다. 그러나 항일독립

운동만으로 대한민국의 독립이 이루어졌다거나 항일운동의 뿌리가 동학농민운동으로까지 거슬러 올라간다고 하는 주장은 과장을 넘어 허구다.

일본에 나라를 빼앗긴 후 일제 치하에서 살아남기 위해, 가족을 지키기 위해, 일본인과의 경쟁에서 뒤지지 않기 위해 분투했던, 비록 독립 투쟁은 하지 못했다 하더라도 교육, 종교, 언론 등 각 분야에서 일했던 우리 조상도 역사의 한 부분이다. 레몽 아롱의 해석처럼 비록 창은 못 되었을지언정 방패 역할을 했다고 봐야 한다. 식민지 나라에서 불가피한 생존과 생존을 위한 타협마저 적국에 대한 부역이나 동조로 몰아 반민족 행위자로 구분하는 것은 합당치 않다

상호 의존이 구조화된 코스모폴리탄의 시대에 과거의 패배 의식, 분열주의적 사관에서 벗어나 창과 방패의 역사로 통합된 공동의 기억으로 새롭게 정립해나가야 한다. 한 나라의 역사관은 시대에 따라, 사람에 따라 달라질 수 있다. 그 시대의 정치사상과 가치관의 변화에 따라 달라질 수 있다. 새로 밝혀진 역사 연구에 따라 발전하며 성숙해진다. 우리나라도 사료와 고증 중심의 실증사관, 일제 식민 역사에 대한 긍정적 영향을 서술한 식민사관, 식민사관에 대한 반동으로 한민족의 우수성과 주체적 발전을 강조한 우월적 민족사관, 정치적 체제를 기반으로 본 유물사관 등 다양한 역사관이 존재한다.

이제는 내가 잘났느니 못났느니, 누가 우월하고 열등하니 하는 이분법적인 역사관에서 벗어나자. 네 탓 내 탓 하는 책임회피적 역사관은 물론 중화시대적·식민시대적 외세 역사관, 뿌리가 약한 민족

민중 우월주의의 자존 역사관으로 나뉘어 대립하는 역사는 청산되어야 한다. 레몽 아롱의 창과 방패의 역사관으로 고통의 역사를 묶어 화해와 공존의 새 역사를 다시 쓰자.

기억의 역사에서 극복의 역사로

위안부 문제는 힘의 논리가 아니고 윤리와 도덕의 문제이다. 그러나 힘 앞에서 윤리와 도덕은 언제든지 무너질 수 있음을 보여주는 실증은 역사 속에서 무수히 보아왔다. 비극은 늘 힘없는 자의 몫이고 희극은 힘 있는 자의 이야기로 그려졌다. 그러나 아이러니하게도 늘 도덕적, 윤리적 우위는 힘 없는 자의 방패이자 버티고 이겨낼 수 있는 유일한 힘이었다. 위안부 문제에 대한 올바르고 정확한 기억이 부끄러운 역사에 대한 반성을 요구할 수 있다. 그러나 기억보다 더 큰 힘은 도덕과 윤리적 우위이다.

국가적 전범과 타락이 역사적으로 어떠한 결말을 가져오고 자국민을 얼마나 도덕적으로 윤리적으로 망치는지를 우리는 일본의 중일전쟁, 태평양전쟁을 통해 배웠다. 일본군 위안부 문제는 일본 정부, 일본 국민의 부끄러운 역사이다. 그렇기 때문에 일본군 위안부 문제 해결은 도덕적, 윤리적 우위에 있는 우리가 어떤 마음과 생각을 가지고 있는지가 더 중요하다. 물질적 요구보다 일본 스스로 도덕적이고 윤리적인 면에서 치욕의 역사임을 가슴 깊이 새기고 느낄 수 있어야 한다. 우리 스스로 더 큰 만족을 얻는 길은 대립과 갈등이 아니라 용서와 화해이다. 그 길이 바로 기억하는 역사에서 반성하는 역사로, 반성하는 역사에서 극복하는 역사로 가는 방법이다. 극복하는 역사란 아픔을 삭이며 자신감을 회복하는 길이다.

민족적 자부심, 도덕적 자부심으로 일본의 마음에도 없는 사과와 배상을 요구하는 일을 극복해야 한다. 위안부 문제 해결을 위한 우리의 요구가 정당함에도 그들에게 억지로 비춰지고, 일본 국민의 좌절을 통한 문제 해결은 오히려 또 다른 시비와 불행을 낳을 수 있다. 그들이 두렵고 위대해서가 아니라 그들은 이미 윤리적으로 우리보다 저 밑에 있기 때문이다. 우리는 자부심, 자신감 회복을 통해 스스로 역사적 열등감에서 벗어날 수 있다. 일본, 일본인들을 영원히 뉘우치게 하는 길은 용서하는 것이다. 상처와 증오심에서 벗어나 일본 그들로부터 우리 스스로가 자유로워지는 것이다. 비욘드 재팬이나 정치·경제적 측면을 넘어 일본보다 우리가 윤리적으로 앞선다는 선진국 국민으로서의 의식 전환이 필요하다.

독일과 프랑스는 역사적으로 앙숙이었다. 독일 국민은 12년 나치 폭정의 묵시적 동조자이자 가담자였다. 유대인, 폴란드인 등 주변국에 엄청난 범죄를 저질렀으나 무지몽매했던 독일 국민들은 나치와 공범이 되어버렸다. 특히 프랑스는 보불전쟁과 제1, 2차 세계대전 등으로 독일로부터 막대한 피해를 입었다.

돌이킬 수 없는 원수지간이 되었지만 도덕적으로 우위를 점한 프랑스는 먼저 독일 청소년들과의 교류를 제안했고, 이를 통해 화해의 길을 모색했다. 이후 두 나라는 유럽연합 탄생에 주도적 역할을 함께했다. 독일이 전후 패전국에서 선진국으로 성장할 수 있었던 힘은 반성과 성찰이었다. 피해국 프랑스가 독일과의 화해를 이룰 수 있던 것도 물질적인 요구보다 도덕적·윤리적 우위, 미래를 위한 협력을 중시했기 때문이다.

최근 일본 대법원에서 일본 내 혐한 시위 가담자 이름 및 단체 공개 조례가 합헌이라는 판결을 냈다. 헤이트 스피치 즉 특정 집단에 대한 혐오 발언 내용, 성명을 공개할 수 있는 오사카시의 조례는 합헌이라 한 것이다. 이런 결과는 양국 간의 우의를 돈독히 해준다. 북경 동계올림픽에서 일본 선수단을 응원하는 한국인들의 모습은 국경을 초월한 비욘드 코리아, 비욘드 재팬을 보여주었다.

미래 세대를 위한 한일 관계

　코로나 사태는 지구촌이란 말을 실감나게 했다. 혼자만 살 수 있는 세상이 아니고 한 나라만이 존재할 수 없다는 것을 알려주었다. 세계 여러 나라가 협력해야 지구촌의 재난을 물리칠 수 있다는 것을 깨쳤다. 서로 싸우고 등 돌리고 갈등하는 것이 아니라 코로나 퇴치를 위해 함께 힘을 모으고 나누어야 했다. 지금 한국과 일본은 코로나와 함께 외교적으로 갈등의 시기를 보내고 있다. 미래 세계는 메타버스, 스마트 융합 등을 통해 서로 협력하여 환경 재앙과 재난에 대비하고, 신성장 동력 사업을 통해 함께 질 높은 삶을 이끄는 데 힘써야 한다. 불행했던 과거는 역사 속에 남겨 기억해야 하지만 이로 인해 미래 번영의 걸림돌이 되어서는 안 된다.

　2021년 7월 대한민국은 유엔에서 공식적으로 인정한 선진국이 되었다. 산업혁명과 민주혁명을 이룬 세계 10위권 강대국이자 한류 문화로 전 세계를 누비는 문화 강국이 된 것이다. 이제 그에 걸맞은 자존감을 찾아야 한다. 올림픽이 열리는 스포츠의 장에서 "다시는 일본에 지지 않겠다", "쇠퇴하는 일본, 떠오르는 한국", "신에게는 아직 오천만 국민들의 응원과 지지가 남아 있다"는 이순신 장군의 패러디 등 차별적 구호는 평화와 우정의 축제에 걸맞지 않다. 전쟁과 갈등이 연상되는 언사를 이용한 유치한 자존심 싸움은 그쳐야 한다. 미래가 아닌 과거로 퇴행하는 싸움은 이제 그만두어야 한다. 오랜 역사와 함께 많은 분야에서 한일 관계는 서로 존중하고 배우는 사이로 발전해왔다. 민족 감정을 절제한 김대중 정부는 '21세기 새로운 한일 파트너십 공동선언'으로 통큰 외교력을 발휘했다.

분열을 조장하는 토착 왜구, 적폐 청산 등 감정적 반일과 굴종적 친중에서 벗어나기 위해 퇴행적 민족주의와 역사 논쟁은 역사학자들과 진실에 근거한 논의로 남겨두자. 이제 한국과 일본은 서로의 입장과 관계를 직시하고 미래 세대를 위해 협력해야 한다. 그럼에도 현실의 한일 관계는 여러 현안을 둘러싸고 심각한 악순환에 빠진 지 오래다. 위안부, 강제징용 문제와 관련해 아베 신조 총리는 양국 간의 조약으로 이미 끝난 문제라고 강경하게 선을 그었다. 그 이후 한일 관계는 교착 상태에 빠져 있다. 아베 총리가 정권에서 물러났지만 해결될 기미는 보이지 않는다. 한국 입장에 옹호적인 일본 정당은 세력이 미미한 사회당, 공산당뿐이다. 한국의 태도 변화 없이는 어떠한 한일 관계 개선 노력도 이룰 수 없다는, 일본 여론이 바뀌지

않는 한 일본의 주류 정치인들의 대한 정책이 바뀔 가능성은 없다.

한일 관계에서 국내 여론과 함께 일본 여론도 매우 중요하다. 일본 정부의 무리하고 야비한 수출 규제 조치 이후 분노한 한국 국민은 그 충격을 대일 소재산업 의존도 해소와 일제 불매운동으로 대항해왔다. 한국에 친근감이 많은 일본의 젊은 층도 일제 불매운동을 비교적 잘 알고 있다. 불매운동은 소수의 극단적인 사람이 선동하는 것에 불과한데, 일본의 혐한 언론이 한국 상황을 부풀려 보도하고 있기 때문이다. 더 나아가 일본의 혐한파들은 불매운동을 혐한 선동에 이용하고 있다.

문제는 중장년 이상 평범한 일본인들에게 그 논리가 설득력 있게 받아들여지고 있다는 점이다. 모든 문제는 한국인의 뇌 속에 있는 고질적인 '반일 정서' 때문이라고 그들은 치부한다. 아베 정권에 이르러 한국은 일본과의 관계가 악화되어도 별 부담 없는 상황이 되었다. 혐한파는 한국에 대한 강경 자세를 열렬히 지지한다. 일본인들은 대한국 관계에 대해 객관적 판단을 하지 못한다. 하지만 한일 관계에 해법은 있다. 다양한 민간 교류를 통한 공감대 형성이다.

일본 정부가 2020년에 발표한 한일 관계 여론조사에 따르면, 30세 미만의 일본인 중 예상보다 높은 35%가 한국에 대해 '친밀감을 느낀다'고 응답했고 64.5%는 '그렇지 않다'고 답했다. 향후 양국의 관계 진전이 중요한지에 대한 질문에는 '중요하다'가 58.4%, '그렇지 않다'가 40.4%였다. 이렇듯 일본 사회의 젊은 세대는 한국에 대한 편견에서 자유롭다.

기성세대의 변화도 시작되었다. 현재 폭넓은 연령대 여성들이 한국, 일본 문화에 심취해 있다. 현대 사회를 살아가면서 동시대의 고뇌를 공감하고 있다고 말한다. 오해나 편견에 대한 백신으로 상호교류에 대한 공감, 공감을 통한 교류만한 것이 없다.

제2차 세계대전이 끝난 뒤 양국 감정이 최악이었던 프랑스와 독일은 1963년에 조약을 맺어 양국의 청소년들이 빈번하게 교류하기 시작했다. 서독에서는 1998년부터 학생을 중심으로 역사 바로잡기 운동이 펼쳐져 독일과 프랑스의 역사 인식이 전환점을 맞았다. 독일과 프랑스의 관계 개선은 현재 유럽 통합을 이루는 중요한 계기가 되었다. 한국과 일본이 이러한 우호 관계로 돌아설 시기는 언제가 될까. 비상한 노력이 필요한 때이다.

대한민국을 고발한다

이제 글을 마칠 때가 되었다. 앞서 언급한 모든 글이 이 마지막 글을 위해 쓰였다 해도 과언이 아니다. 이 책을 쓰면서 많은 위안부 관련 자료와 책을 찾아 읽었다. 위안부 관련 현장에 참여하고 방문도 했다.

가슴 아팠다. 글과 말로 형용하기 어려운 위안부들의 고통과 고난의 역사를 알아가며 분노와 울분을 삭였다. 일본에 대한 분노보다 나라를 빼앗기고 조국의 여성을 지키지 못했던 무기력한 선조들과 정치 지도자, 지식인들, 가부장적 권위만 중요한 남자들, 그리고 이 모든 것을 초래한 국가라는 정체에 대한 원망이었다.

일본군 위안부 문제에 대해 대한민국이 그동안 해온 일과 대응은 한심했다. 1947년 미군정하에서 일제하 전쟁 관련 범죄자를 처벌하려는 움직임이 있었으나 실현되지 못했다. 상하이 임시정부의 법통을 이어받은 정부는 1948년 정부 수립 후 위안부 역사를 외면했거나 침묵 속에 가두었다. 1991년 김학순 할머니의 증언 이후 30년의 긴 세월 동안 정부는 시종일관 방관자의 태도로 일관했다. 정대협에 이은 정의기억연대의 활동과 비교하면 더더욱 그렇다. 누가 위안부 피해 할머니들을 30년간 일본 대사관 앞 길가에서 소리 높여 외치게 했는가. 아직도 끝나지 않은 외침은 누구의 잘못인가. 가해자는 분명하다. 일본 제국과 일본군.

국가란 무엇인가? 이 물음에 답을 얻기 위해 이 책을 썼다. 대한민국 헌법 전문에는 유구한 역사와 전통에 빛나는 우리 대한민국은 3·1운동으로 건립된 대한민국 임시정부(1919년 4월 11일)의 법통을 계승한다고 했다. 3·1운동은 1919년 고종의 사망을 계기로 일어난 대한민국 독립운동이다. 대한민국 헌법은(1948년 7월 12일) 세계인권선언(1948년 12월 1일)과 함께 제정되고 공포되었다. 대한민국 헌법 제10조에는 "국가는 개인이 가지는 불가침의 기본적 인권을 확인하고 이를 보장할 의무를 가진다"라고 명시되어 있다.

국가는 국민을 보호할 권한과 의무를 진다. 국가가 이 역할을 이행하지 못할 때 국민은 국가를 상대로 배상 청구권을 행사할 수 있다. 일본 정부의 사죄와 반성, 배상 요구는 이미 수많은 투쟁과 노력으로 이어져왔다. 그러나 우리 스스로의 책임과 반성은 부족했다. 특히 국가는 위안부 피해 역사와 그 후 생존의 현실에 소홀하고 소극적이었다. 일부 법률 제정과 보상 등 간헐적 조처는 있었지만 노

태우 대통령 당시 최초 위안부 증언이 나온 이후 대통령이 여섯 번이나 바뀌었지만 근본적이고 합리적인 방법을 찾지 못하고, 시민운동 단체와 언론에 끌려다니며 우왕좌왕했다. 사실 중일전쟁, 태평양전쟁 당시 강제로 끌려간 일본군 위안부와 강제징용자들에 대한 일차적인 책임은 전적으로 국가에 있다. 일본 정부, 일본 기업을 상대로 지난 수십 년간 길거리에서, 또는 일본 법정이나 한국 법정에서 싸워온 피해자들을 국가가 방기한 것이나 다름없다. 거악 일본 제국주의 전범자들은 사라졌고, 작금의 일본 정치가와 국민들은 그들 스스로 피해자라며 코스프레를 하고 있다.

한국 정부는 1965년 한일협정 당시 일본군 위안부, 강제징용 배상 문제를 누락시키고 포괄적 배상으로 마무리 지었다. 박정희 정권은 이 배상금을 경제개발자금으로 활용하였기 때문에 국가의 책임은 더욱 명백하다. 지금이라도 일제하 피해자에 대한 배상을 국가가 책임지고 일본군 위안부, 강제징용자 등 한일 양국의 현안 문제를 국가가 나서서 전적으로 해결해야 한다.

일본 정부의 사죄와 반성, 배상은 당연한 것이지만 자국민을 보호하지 못하고 응분의 조치를 회피한 대한민국 정부의 책임은 더 중대하다. 이제라도 이 문제에 대한 정부의 사과와 반성 그리고 충분하고도 수긍할 수 있는 금전적, 정신적 보상을 요구한다. 생존자와 사망자는 물론 그들의 가족들에게도 국가가 충분한 보상을 해야 한다. 국가는 국민의 자존심을 지킬 의무가 있다.

대한민국 정부는 역사적 책임의식을 가지고 먼저, 다음과 같은 요구에 대한 실행을 위해 노력하라.

1. 국가가 국민을 보호하지 못한 잘못을 인정하고 이후 조치에 대한 소홀함을 반성하고 사과하라.
2. 피해자, 생존자, 사망자 가족들에게 충분하고도 적법한 수준에서 보상하라.
3. 위안부 역사를 지속적으로 발굴 보존하고 교육할 수 있는 역사관을 건립하라.
4. 해외에서 숨진 위안부의 유해를 발굴하고 위령비를 세워라.
5. 위안부와 관련된 국내외 갈등을 적극 조정하고 해결하라.
6. 위안부와 관련된 외교적 문제 해결에 적극 나서라.

이를 이행하지 않을 경우 국민들의 고통은 계속 이어질 것이다. 나비 배지나 달고 다니며 위안부 문제를 정치적으로 이용하려는 운동꾼들과 정치인은 사라져야 한다. 위안부 문제는 정파적 문제가 아니라 국민 모두가 성찰하고 부끄러워해야 할 국가적 수치이다. 위안부 문제로 더 이상 나라가 소란스러워지고 국력이 낭비되어서는 안 된다. 지속적으로 자료를 발굴하고 진실을 밝혀내는 것은 연구자들과 역사학자들이 할 일이다.

위안부에 대한 일제의 만행과 수많은 잔학 행위는 이미 많은 책과 언론에서 밝혀졌다. 이 책은 차마 입으로 담기 어려운 참담하고 잔혹한 내용은 싣지 않았다. 나에게 이 책을 쓰도록 충격과 영감을 준 자료는 국제엠네스티의 『60년이 넘도록 계속되는 기다림: 일본군 성노예제 생존자들을 위한 정의』이다. 은폐된 역사의 진실을 추적하고 문제 해결에 노력한 국제엠네스티에 감사함을 전한다.

자랑스러운 역사는 돌에 새기고 부끄러운 역사는 가슴에 새기라고 했듯이 우리의 부끄러운 역사는 가슴속에 남기자.

맺음말

올바른 역사 인식,
한반도의 미래를 바꾼다

'역사를 잊은 민족에게는 미래가 없다'라는 위안부 운동의 슬로건을 보고 '역사를 반성하지 않는 민족에게는 미래가 없다'는 이야기를 하고 싶었다. 불과 30년 전만 해도 대부분의 한국인은 일본군 위안부의 존재에 대해 전혀 몰랐다. 일제 40년 동안 강제징용으로 끌려가서 착취당하고, 중일전쟁과 태평양전쟁에 강제 차출되어 일본이 벌인 전쟁에 희생된 사실만 기억하고 있을 뿐이었다.

1991년 해방된 지 46년이 지난 후 김학순 할머니의 증언으로 위안부 문제가 세상에 알려지게 되고, 그 후 30여 년간 한일 양국을 넘어 국제 문제로 확산되어 왔다. 초기에는 경악과 분노, 성토가 주를 이루며, 한국은 물론 일본에서도 뜨거운 이슈로 떠올랐다. 급기야 전시 여성에 대한 성 착취와 성 노예화로 점차 확대되며 세계 여성

인권 문제로 부각되었다.

30년 전 종군 위안부였다고 신고한 238명의 할머니들이 대부분 돌아가시고, 이제 몇 분밖에 계시지 않는다. 대한민국 국민의 한사람으로서 절실했다. 일본군 위안부 문제를 기억하고 반성하는 일이 의무감으로 다가왔다. 저자로서 글재주는 부족하지만 많은 사람에게 위안부 역사의 편린을 전하고 나누고 싶다는 생각이 마음 깊이 자리 잡았다. 망설임도 있었지만 글을 쓰게 되었다.

책을 쓴다는 것이 얼마나 어려운지 알고 있지만 무엇보다 내가 말하고 싶은 것, 표현하고 싶은 것을 과연 얼마나 독자들에게 이해시킬 수 있겠는가가 두려웠다. 그러나 많은 부족함에도 마음을 가다듬고 우리가 지금까지 알아왔던 위안부 문제의 실체와 바람직한 역사 인식을 나누어보고자 했다. 역사학자도, 위안부 문제 전문가도, 관련 단체의 이해 당사자도 아닌, 이 시대를 살아가는 평범한 보통 시민의 눈높이에서 썼다. 어떤 분명한 목적이나 목표를 가지고 있는 것이 아닐뿐더러 전문성이나 지식도 부족함을 고백한다. 다만 지금 이 시대를 살아가는 상식과 교양을 가진 소시민으로서 일본군 위안부 운동과 함께 탄생한 평화의 소녀상을 어떻게 바라보고 인식해야 하는지, 그 맥락과 바른 시각을 점검하고 싶었다. 그러하기에 이 책은 위안부 문제와 역사 인식에서 개인적 의견을 제시한 것일 뿐 학문적이나 정책적인 측면에서는 한계가 있음을 밝힌다.

이 책은 일본군 위안부 문제를 담은 서적과 관련 자료, 언론매체에서 다룬 다양한 주장과 목소리를 바탕으로 개인의 주장과 견해를 펼친 것이다. 위안부 문제와 식민지 역사를 다룬 내용이라 개인적 주장과 표현들이 비판적이거나 위화감이 느껴질 수 있을 것이다. 역사적 사실을 바라보는 필자의 주관과 판단이 개입되어 있기 때문이다. 그러나 결코 특정 개인이나 단체, 국가를 무비판적으로 폄훼하려는 의도는 없으며, 일본군 위안부 운동의 일환으로 국내외에서 건립되고 있는 위안부 소녀상에 대한 본질적인 물음을 던지고, 그 비극적 탄생의 기원을 추적해보고자 했다. 위안부 문제와 평화의 소녀상의 실체를 진실의 기반 위에 좀 더 객관적이고 다양성의 눈으로 바라봐 주시길 희망한다.

역사에 대한 올바른 자각과 반성을 통해 다시는 이 땅에 일본군 위안부와 같은 비극이 일어나지 않기를 염원한다.

이 책에 객관적인 비판과 조언을 해주신 임상빈 교수님, 이 글을 쓸 수 있는 환경을 마련해주시고 책을 출간하도록 도움을 주신 오렌지나무시스템㈜ 박민규 대표님, 덕명 D&C 김중태 회장님, 편집을 위해 애써주신 와이즈북 심순영 대표님, 그리고 훌륭한 그림으로 책 속에 전시회를 열어주신 자강 조영륜 화백님, 사랑하는 아내와 가족들에게 감사드린다.

좁은 소견으로 자기 집 뒷마당만 파보고 모든 것을 아는 것처럼 떠들어댄 것은 아닌지, 설된 평론을 한답시고 누굴 아프게 한 것이 아닌지, 걱정스러운 마음과 함께 책을 세상에 보낸다. 나의 능력 범위는 여기까지…… 비판은 독자 여러분의 몫이리라.

참고 자료

○ 국제엠네스티,『60년이 넘도록 계속되는 기다림: 일본군 성노예제 생존자들을 위한 정의』, 2005

○ 김한규,『천하국가』, 소나무, 2005

○ 박종인,『대한민국 징비록』, 와이즈맵, 2019

○ 이상도,『한국의 선각자를 찾아서』, 씽크스마트, 2020

○ 조지훈,『한국민족운동사』, 나남출판, 1993

○ 이영 외,『전근대 한일 관계사』, 한국방송통신대학교 출판부, 1999

○ 전원경,『예술, 역사를 만들다』, 시공아트, 2016

○ 21세기 역사바로알기위원회,『이야기 한국사』, 해피앤북스, 2013

○ 조민기,『조선의 권력자들』, 책비, 2020

○ 쉬훙씽,『천추흥망』, 따뜻한 손, 2010

○ 미아자키 마사카츠,『하룻밤에 읽는 세계사』, 알에이치코리아, 2018

○ 이진희 외,『한일 교류사』, 학고재, 1998

○ 나가노 신이치로,『상호의존의 한일경제관계』, 이른아침, 2009

○ 고준환,『하나되는 한국사』, 범우사, 1992

○ 제임스 S. 게일,『조선 그 마지막 10년의 기록』, 책비, 2019

○ 이종호,『신이 사랑한 혁명가 김옥균』, 일지사, 2002

○ 호사카 유지,『신친일파: 반일 종족주의의 거짓을 파헤치다』, 봄이아트북스, 2020

○ 황태현 외,『일제종족주의』, 넥센미디어, 2019

○ 최은수,『망각된 역사, 왜곡된 기억 '조선인 위안부'』, 산지니, 2010

○ 박유하,『제국의 위안부』뿌리와이파리, 2015

○ 이영훈 외,『반일 종족주의』, 미래사, 2019

○ 이덕훈, 『일본은 우리의 적인가』, 실크로드, 2021

○ 윤미향, 『25년간의 수요일: 일본군 위안부 할머니들의 평화의 날갯짓』,
  사이행성, 2016

○ 다니엘 최, 『나는 조선의 처녀다』, 행복우물, 2015

○ 전여옥, 『일본은 없다』, 푸른숲, 1997

○ 임지현, 『기억 전쟁』, 휴머니스트, 2019

○ 나카노 도시오 외, 『역사와 책임: 위안부 문제와 1990년대』, 선인, 2008

○ 이타가키 류타 외, 『위안부 문제와 식민지 지배 책임』, 삶이보이는창, 2016

○ 도시환, 『일본군 위안부 문제와 과제 II』, 동북아역사재단, 2020

○ 박정애, 『일본군 위안부 문제와 과제 III』, 동북아역사재단, 2020

○ 박종인, 『매국노 고종』, 와이즈맵, 2020

○ 함재봉, 『한국사람 만들기』 I II, 아산서원, 2018

○ 양석일, 『다시 오는 봄』, 산책, 2012

○ 정범준, 『제국의 후예들』, 황소자리, 2006

○ 존 킹 페어뱅크, 『신중국사』, 까치, 1996

○ W. G. 비즐리, 『일본의 근현대 정치사』, 을유문화사, 1999

○ 서현섭, 『일본인과 천황』, 고려원, 1997

○ 가쿠 고조, 『일본의 역사』, 고려원미디어, 1995

○ 한중일3국공동역사편찬위원회, 『미래를 여는 역사』, 한겨레출판, 2005

○ M. 토케이어, 『일본인을 말한다』, 범우사, 1983

기타 각종 언론 매체 기사와 연구 논문 참조

역사 앞에 부끄러운
위안부 소녀상

ⓒ 김영관, 2022

초판 인쇄 2022년 6월 5일
초판 발행 2022년 6월 10일

지은이   김영관
그린이   조영륜
펴낸곳   와이즈북
펴낸이   심순영

등록   2003년 11월 7일(제313-2003-383호)
주소   03958, 서울시 마포구 망원로19, 501호(망원동, 참존1차)
전화   02) 3143-4834
팩스   02) 3143-4830
이메일   cllio@hanmail.net

ISBN   979-11-86993-10-1 03910